La Serbie du prince Miloš à Milošević

P.I.E.-Peter Lang

Bruxelles · Bern · Berlin · Frankfurt am Main · New York · Oxford · Wien

Yves TOMIĆ

La Serbie du prince Miloš à Milošević

BIBLIOTHEQUE DE DOCUMENTATION INTERNATIONALE CONTEMPORAINE
MUSEE D'HISTOIRE CONTEMPORAINE

Collection « Europe plurielle »
n° 27

Publié avec le concours de la Bibliothèque de documentation internationale contemporaine, Université de Paris X-Nanterre

Photo de couverture : Prise de l'Assemblée fédérale yougoslave, le 5 octobre 2000, © Andrija Ilic.

PRESSES INTERUNIVERSITAIRES EUROPÉENNES
Bruxelles, 2003 ; 2e tirage 2004
1 avenue Maurice, 1050 Bruxelles, Belgique
www.peterlang.net ; info@peterlang.com

Imprimé en Allemagne

ISSN 1376-0904
ISBN 90-5201-203-2
D/2003/5678/29

Information bibliographique publiée par « Die Deutsche Bibliothek »

« Die Deutsche Bibliothek » répertorie cette publication dans la « Deutsche Nationalbibliografie » ; les données bibliographiques détaillées sont disponibles sur le site <http://dnb.ddb.de>.

Table des matières

Introduction

À l'heure où le procès de Slobodan Milošević est ouvert au Tribunal pénal international pour l'ex-Yougoslavie de La Haye, il importe de revenir sur les événements qui ont déchiré l'ancienne Yougoslavie et marqué le retour de la guerre en Europe. Les « guerres yougoslaves » ont provoqué la mort de 200 000 personnes environ au cours des années 90 de la Croatie au Kosovo. Si Slobodan Milošević est bien l'acteur politique qui organise la conversion idéologique de la Ligue des communistes de Serbie du communisme au nationalisme et fait le choix du recours à la violence, la question serbe a des racines plus profondes et renvoie à des périodes bien antérieures à celle de l'arrivée au pouvoir de Slobodan Milošević en 1986-1987. On ne saurait isoler les événements des années 80-90 de l'histoire de la Serbie et des Balkans, depuis au moins le début du XIXe siècle. C'est là, l'objectif de cet ouvrage. Expliquer l'histoire récente de la Serbie en resituant les événements dans la longue durée de la construction nationale serbe. En effet, il s'agit d'une histoire de la Serbie et non, d'une histoire des Serbes, comme l'affectionnent la plupart des historiens de Belgrade refusant de se limiter aux frontières de cet État, pour y inclure leurs conationaux de Croatie et de Bosnie-Herzégovine principalement. De la même façon, cet ouvrage ne traite pas du Monténégro et des Monténégrins, dont l'histoire s'entremêle à celle des Serbes, mais qui ont construit une identité propre au cours des siècles, basée sur la structuration clanique de leur société et une lutte séparée contre les Ottomans pour l'indépendance de leur pays. À certains égards, les structures sociales des Monténégrins sont plus proches de celles des Albanais que des Serbes. Sans entrer dans les méandres de l'histoire de la Serbie, et ayant pour souci la clarté, notre souhait est d'offrir aux lecteurs des clés de compréhension des événements récents qui ont déchiré cette région de l'Europe.

Le premier chapitre souligne la dispersion géographique des Serbes dans l'espace balkanique, facteur qui a rendu compliqué le processus de construction nationale aux XIXe et XXe siècles et qui est à l'origine de l'idéologie visant à l'unification de l'ensemble des Serbes dans un seul et même État. Il présente les réalités économiques et sociales de la Serbie au XIXe siècle, pays essentiellement agraire, peu urbanisé, dont la société présente une forte homogénéité. Il retrace les différentes étapes de l'émancipation nationale de la Serbie, de l'autonomie au sein de l'Empire ottoman à la reconnaissance de son indépendance en 1878.

Il illustre également les difficultés rencontrées par ce pays à émerger en tant qu'acteur indépendant du fait des intérêts des grandes puissances (Russie, Empire d'Autriche) dans les Balkans.

Le second chapitre explore l'idéologie nationale serbe au XIXe siècle à travers les perceptions des intellectuels (Vuk Karadžić) et des dirigeants de l'époque (Ilija Garašanin). Il précise la définition dominante de la nation serbe, basée sur la langue et non la religion, ainsi que le tiraillement entre les perspectives serbe étroite et yougoslave des projets étatiques élaborés par les dirigeants du pays.

Le troisième chapitre revient sur la création de la Yougoslavie et les divisions politiques qui ont déchiré ce pays entre 1918 et 1941. Il précise la position des Serbes dans cet État qu'ils dominent non pas, au nom de l'idéologie grand-serbe, mais au nom de l'idéologie yougoslave, affirmant que Serbes, Croates et Slovènes forment une seule et même nation. La première Yougoslavie se désagrège pendant la Seconde Guerre mondiale.

Le quatrième chapitre présente l'évolution du traitement de la question nationale par les communistes yougoslaves et retrace les différentes étapes du fédéralisme yougoslave d'un régime centralisé à une forme de confédération. La réforme de la Fédération yougoslave entre 1967 et 1974 est à l'origine du ressentiment des Serbes contre la Yougoslavie. Il trace les contours de la question du Kosovo en soulignant les transformations politiques, sociales et démographiques qui ont conduit à la marginalisation de la population serbe au profit des Albanais. Le conflit albano-serbe a largement contribué au réveil national serbe au cours des années 80. Enfin, il précise également les conditions économiques, sociales et politiques, dans lesquelles le mouvement national serbe est apparu.

Le dernier chapitre est consacré aux raisons de l'ouverture de la question nationale serbe dans la Yougoslavie communiste en mettant en exergue les réalités politique et constitutionnelle complexes de la Serbie, république divisée en trois territoires distincts : Serbie étroite ou centrale, provinces autonomes du Kosovo et de Voïvodine. J'y explique l'émergence du mouvement national serbe dans les années 80 et la transformation idéologique de la Ligue des communistes de Serbie ayant adopté la cause nationale pour mieux se relégitimer, ainsi que l'ascension au pouvoir de Slobodan Milošević, qui lancera les Serbes dans la guerre dans le contexte de la désintégration de la Yougoslavie en 1991-1992. J'éclaire également les raisons de la longévité politique de son régime au cours des années 90.

Cet ouvrage repose sur les cours d'histoire des pays yougoslaves que j'ai assurés à l'Université de Paris IV entre 1999 et 2001, en particulier pour la période du XIXe siècle, ainsi que sur mes travaux universitaires concernant la Serbie et la Yougoslavie, menés au cours des années 90. Il s'inscrit dans une démarche opposée au courant traditionaliste de l'historiographie serbe estimant que la nation serbe existe depuis l'origine des temps, et ne questionnant à aucun moment les concepts utilisés. De la même façon, je réfute l'approche essentialiste de certains chercheurs attribuant aux Serbes un caractère violent, voire barbare, à travers l'histoire[1]. La nature du régime de Slobodan Milošević est déjà l'objet de débats en Serbie, entre ceux des chercheurs en sciences sociales développant une analyse structurale, insistant sur l'arriération des structures de la société et le caractère autoritaire de la culture serbe[2] et ceux privilégiant le rôle des acteurs (le rôle et la place de Slobodan Milošević dans le système de gouvernement des années 80 et 90) dans la quête des causes du phénomène nationaliste et autoritaire[3]. Mon propos n'est pas ici d'analyser les différentes interprétations de l'histoire immédiate et moins récente de la Serbie. Toutefois, je pense qu'il est stérile de s'enfermer dans une grille de lecture unique des événements récents et que chacune de ces tentatives d'explication ou d'interprétation (à l'exception de l'essentialiste) peut fournir des éléments valides pour la compréhension de l'histoire de la Serbie.

À Minaver, Doruntine et Konstantin

1 Voir en particulier les ouvrages des auteurs suivants : B. Anzulovic, *Heavenly Serbia : from Myth to Genocide*, New York, New York University Press, 1999 ; M.A. Sells, *The Bridge Betrayed : Religion and Genocide in Bosnia*, Berkeley, University of California Press, 1996 ; T. Cushman and S.G. Mestrovic, eds., *This Time We Knew : Western Responses to Genocide in Bosnia*, New York, New York University Press, 1996.

2 Je pense ici au travail de Latinka Perović, Dubravka Stojanović, Zagorka Golubović, Bora Kuzmanović entre autres qui mettent en avant la spécificité du processus de modernisation en Serbie.

3 Nous citerons ici le nom du sociologue Slobodan Antonić qui s'est attaqué aux « structuralistes » dans son dernier ouvrage : *Zarobljena zemlja : Srbija za vlade Slobodana Milosevića* (Un pays emprisonné : la Serbie sous le gouvernement de Slobodan Milošević), Beograd, otkrovenje, 2002.

CHAPITRE I

La construction nationale au XIXe siècle

L'État serbe contemporain émerge au début du XIXe siècle dans un contexte insurrectionnel opposant les paysans serbes aux armées ottomanes. Les fondateurs de la principauté de Serbie se réfèrent à l'État médiéval serbe soumis définitivement par les Ottomans en 1459. En Serbie, les acteurs du mouvement de (re)naissance nationale sont essentiellement des intellectuels issus de la paysannerie, de la bourgeoisie embryonnaire et de l'église orthodoxe. Les travaux des éveilleurs de la conscience nationale concernent principalement les domaines de la linguistique et de l'histoire. La codification des langues littéraires constitue une étape importante du processus de construction des nations balkaniques au XIXe siècle. En effet, selon les critères de l'époque, la langue, mais aussi la religion, distinguent les différentes nationalités. De surcroît, l'étude du passé de chacun de ces peuples contribue à définir l'espace où doit se former leur État. Les acteurs de la construction nationale doivent affronter des conditions sociales peu propices dans la mesure où les populations des différents pays sont constituées essentiellement de masses paysannes analphabètes et pauvres. Ces dernières ne possèdent pas une conscience nationale, ce qui ne signifie pas qu'il n'existe pas d'autres formes d'identités collectives : en effet, les paysans s'identifient à la région restreinte qu'ils habitent (villages ou provinces historiques), ainsi qu'à leur religion.

Le XIXe siècle est la période des intégrations nationales, processus marquant le passage des communautés ethniques à l'état de nations. Ce phénomène est caractérisé par la disparition progressive des formes d'identité collective locale ou régionale au profit d'une communauté politique nationale homogène sur le plan culturel et intégrée sur le plan économique. La construction nationale est difficilement envisageable sans l'existence d'un minimum d'infrastructures de communication (réseau de routes, de chemins de fer, etc.). Ces infrastructures facilitant la communication entre les membres dispersés et isolés d'une même communauté nationale n'existent pas en Serbie au cours de la première moitié du XIXe siècle. Les élites intellectuelles et religieuses jouent un rôle important dans les transformations culturelles et sociales propres à la construction nationale. Néanmoins, au XIXe siècle, les acteurs de l'éveil national se multiplient : l'État, les associations culturelles, les partis politiques, les établissements d'enseignement et la presse diffusent les éléments clés d'une identité nationale unifiée. Une fois les éléments constituant l'identité et la conscience nationales élaborés, ils sont ensuite propagés par des patriotes, dont l'objectif est de les diffuser auprès du peuple. La Serbie connaît cette phase au cours des années 1850-1860. Le phénomène nationaliste ne devient massif que vers la fin du XIXe siècle et au début du siècle suivant. La formation des États-nations dans cette région de l'Europe ne pouvait être entreprise sans aucune modification des frontières et plus précisément sans la dislocation des Empires ottoman et habsbourgeois dominant la région. Les changements souhaités par les élites nationales des Serbes et des autres Slaves du sud devaient également entraîner une recomposition de l'équilibre des forces à l'échelle du continent européen. Les intérêts des grandes puissances s'entremêlent dans le processus d'affirmation nationale des peuples balkaniques et de la constitution des États nationaux, le rendant ainsi plus ardu et porteur de tensions.

Sans la prise en considération de la dispersion géographique du peuple serbe, il est impossible d'appréhender le processus de construction de l'État serbe et les idéologies qui l'ont accompagnées aux XIXe et XXe siècles. Le thème de la Grande Serbie ne résulte pas de simples affabulations déconnectées de la réalité, mais repose sur des données historico-démographiques concrètes : les Serbes ont vécu et vivent encore en 2002, certes dans des proportions moindres, dans les frontières de plusieurs ensembles étatiques. Cette fragmentation ou dispersion est devenue problématique à l'époque de la construction des États-nations au XIXe siècle. En effet, la principauté de Serbie, devenue autonome en 1830 à l'intérieur de l'Empire ottoman, est loin de rassembler la totalité des Serbes vivant dans les Balkans.

La dispersion des Serbes dans l'espace yougoslave

Les Serbes, arrivés dans les Balkans à la fin du VIe et au début du VIIe siècle, y occupent les régions centrales avec l'accord de l'empereur byzantin. Entre les VIe et Xe siècles, ils forment plusieurs entités étatiques entre la côte adriatique et le centre de la péninsule. Ces embryons étatiques n'ont pas laissé de traces historiques significatives. Entre les XIe et XVe siècles, on assiste à l'essor de l'État serbe médiéval. Après l'établissement de la dynastie des Nemanjić à la fin du XIIe siècle, l'État serbe connaît un mouvement progressif d'expansion. Le fondateur de la dynastie, Stefan Nemanja (1114-1200), parvient à rassembler la plupart des territoires peuplés de Serbes et ses successeurs, en particulier le roi

Milutin (?-1321), poursuivent l'élargissement de l'État vers le sud (Macédoine). Les territoires situés à l'Ouest, la Bosnie, l'Herzégovine (connue sous le nom de Hum ou Zahumlje) et la Dalmatie, sont négligés par les souverains serbes qui font de l'axe Morava-Vardar le principal axe d'expansion de leur État. L'apogée de ce dernier est atteint par le roi Dušan (1308-1355) qui agrège à la Serbie, la Macédoine, l'Albanie, l'Épire et la Thessalie. Sous Dušan, devenu empereur en 1336, la Serbie intègre à son territoire des groupes ethniques divers : Grecs, Albanais et dans une moindre mesure Bulgares. Toutefois, sa construction impériale périclite après sa mort en 1355, les seigneurs régionaux affirmant leur autonomie par rapport au centre politique. De surcroît, la crise est renforcée par l'installation des Ottomans dans la péninsule balkanique. En 1389, dans la plaine du Kosovo, les armées du sultan affrontent les troupes chrétiennes, serbes pour l'essentiel, mais pas uniquement, puisque des féodaux albanais et bosniaques participent à la bataille. L'historiographie serbe simplifie les événements et les réduit à un combat entre Ottomans et Serbes. Au cours de la bataille, les deux souverains, le prince Lazar Hrebljanović (1329-1389) pour la Serbie et Mourad pour les Ottomans périssent. En fait, cet affrontement, vécu ultérieurement comme une défaite par les Serbes, ne signifie pas la chute immédiate de leur État. Ce dernier se perpétue plus au nord jusqu'en 1459, évoluant entre vassalité au Sultan et indépendance. De fait, le centre politique, culturel et économique de l'État serbe se déplace du sud vers le nord. Après la chute de l'État des Branković en 1459, de nombreux Serbes trouvent refuge dans le sud de la Hongrie. Le nord de la Serbie est alors désertifié pendant plusieurs décennies et se transforme en zone frontalière entre l'Empire ottoman et le royaume de Hongrie. Une fois la Bosnie (1463), l'Herzégovine (1482) et la Zeta (1499) conquises par les Ottomans, de nouveaux courants migratoires s'ébranlent de ces régions vers le nord (Croatie, Slavonie, Srem). À partir de la moitié du XVe siècle, l'ensemble de la population serbe se trouve englobée dans l'Empire ottoman, répartie dans différentes provinces. La pénétration et la domination des Ottomans ne sont pas sans conséquence sur le développement historique de la nation serbe. La progression ottomane du sud vers le nord provoque un recul des populations serbes vivant dans les régions les plus méridionales (Macédoine, Kosovo, Metohija) vers le nord le long de l'axe Morava-Vardar (Skopje-Belgrade) et le nord-ouest (axe Skopje, Kosovo, Sjenica, Sarajevo). Au XVIe siècle, les Ottomans poursuivent leur avancée en direction du nord en territoires hongrois et croates : Belgrade (1521), Knin (1522), Osijek (1526), Mohacs (1526), Klis (1537), Bihać (1591). Les conquêtes ottomanes modifient la structure ethnique des régions conquises. Tandis que les Croates et les Hongrois catholiques se retirent vers le nord, des populations chrétienne orthodoxe et musulmane sont installées à leur place par les Ottomans, soucieux de ne pas laisser vides des régions frontalières importantes pour la défense de l'Empire. La population orthodoxe augmente ainsi sensiblement au XVIe siècle au nord de la Bosnie, mais également en Slavonie. Elle est chargée de la défense des frontières septentrionales de l'Empire ottoman. Ces chrétiens orthodoxes sont en partie des éleveurs de bétail valaques originaires de Bosnie, d'Herzégovine ou de Serbie. Population ancienne des Balkans parlant une langue romane, les Valaques traditionnellement bergers ou éleveurs de chevaux, ont déjà joué ce rôle militaire dans l'Empire byzantin[1]. Les Valaques de Bosnie, d'Herzégovine et de Serbie adoptent progressivement l'identité ethnique serbe. Il règne d'ailleurs une confusion dans les sources historiques rendant parfois impossible la distinction entre les Valaques au sens ethnique et les valaques au sens du statut du même nom accordé par les Ottomans aux chrétiens ayant accepté de défendre les frontières et les routes de l'empire. L'historiographie serbe n'accorde pas au terme valaque un sens ethnique, mais le réduit à la signification de berger : les valaques étaient donc dans cette optique des Serbes possédant des moutons. Dès le XVIe siècle, des chrétiens orthodoxes, et catholiques dans une moindre proportion, traversent la frontière et passent au service des armées habsbourgeoises dans la zone des confins militaires créés pour défendre les territoires des Habsbourg plus au nord (Carinthie, Carniole et Styrie). Bien que situés en Croatie, ces territoires dépendent directement de l'administration militaire autrichienne. L'installation de nouvelles populations aux XVIe et XVIIe siècles permet de repeupler des régions qui ont été désertifiées et dévastées à la suite des conquêtes ottomanes. En 1630, l'Autriche promulgue un statut (*Statuta valachorum*) définissant les droits et obligations des habitants des confins militaires. La population orthodoxe y augmente encore après le recul territorial de l'Empire ottoman entre 1683 et 1699, consécutif à sa défaite aux portes de Vienne.

Les courants migratoires les plus importants sont provoqués par des événements historiques, surtout des révoltes contre les Ottomans. Mais ces migrations peuvent avoir parfois des origines économiques[2]. Les migrations les plus significatives sont causées par l'avancée de l'Empire ottoman dans la péninsule balkanique aux XVe et XVIe siècles et, plus tard par les guerres austro-turques, en particulier celles des années 1690 et 1739. Dans leur mouvement de reconquête de la Hongrie, commencé

---

1 À propos de l'identité des Valaques, voir le chapitre 6 de l'ouvrage de Malcolm N., *Bosnia, a Short History*, London, Papermac, 1994, pp. 70-81.

2 Cvijić J., *La péninsule balkanique : géographie humaine*, Paris, A. Colin, 1918, p. 127.

à la fin du XVIIe siècle, les armées autrichiennes pénètrent profondément en territoire ottoman en 1689, jusqu'au nord de la Macédoine et au Kosovo. Les Serbes de ces régions se joignent à elles et soutiennent leurs actions. Mais consécutivement à leur retraite et par crainte de représailles ottomanes, plusieurs dizaines de milliers de Serbes (environ 40 000 familles, soit 200 000 personnes environ) conduits par le patriarche de Peć, Arsenije III Čarnojević (1633-1706), émigrent en 1690 vers le nord et plus précisément le sud de la Hongrie (Srem, Banat, Bačka), mais aussi jusque dans les environs de Buda plus au nord[3]. Cet événement, connu sous le nom de « Grande migration » (*Velika Seoba*) constitue l'un des symboles de l'histoire des Serbes, symbole immortalisé par le célèbre tableau de Paja Jovanović (« *Seoba Srbalja* »). Cette migration prend une importance également par rapport aux événements des années 80 au Kosovo, car elle constitue dans l'historiographie, mais également dans la mémoire historique serbe, le point de départ de la marginalisation démographique des Serbes au Kosovo, ou si l'on reprend les termes de certains historiens serbes, de la « colonisation » des Albanais[4]. Un second courant migratoire important se produit dans

---

3 Les populations serbes installées dans le nord de la Hongrie s'y maintiennent quelques décennies. En 1720, 56 000 Serbes environ habitent l'évêché de Buda. En 1715, on estime le nombre des Serbes à Buda (Budim) à près de 25 000. Ils vivent dans des quartiers spécifiques de la ville : Raczvaros (Srpska Varoš). Toutefois, leur nombre chute au cours du siècle : en 1797, on ne compte que 24 000 Serbes dans l'évêché de Buda. Autour de l'année 1800, Buda et Pest ne comptent pas plus de 1000 Serbes. Les Serbes de Buda et de Santandrej, ainsi que ceux de Vienne en Autriche, jouent un rôle politique et culturel important jusqu'à la révolution de 1848. C'est ensuite la ville de Novi Sad qui deviendra le centre politique et culturel des Serbes de Hongrie. En fait, la plupart des Serbes ont quitté le nord de la Hongrie et se sont installés à partir de 1702 dans les confins militaires plus au sud.

4 L'historien serbe, Dimitrije Bogdanović, dans son ouvrage faisant référence en Serbie *Knjiga o Kosovu*, présente l'histoire de l'installation des Albanais au Kosovo en termes de colonisation (pp. 123-146). L'historien Nikola Samardžić en donne une interprétation presque caricaturale dans un article paru dans un ouvrage collectif destiné au public des enseignants en histoire :

> La Grande migration d'il y a trois cents ans a frappé les Serbes à tel point qu'ils n'ont jamais réussi à s'en remettre. Ce furent les débuts de l'irruption albanaise au Kosovo, en Metohija, et dans les régions voisines, ainsi que de l'expulsion des Serbes du cœur de leur ancien empire. Jusqu'à aujourd'hui, cette irruption destructrice demeure la plus sérieuse et la plus dangereuse de l'islam en Europe. La sauvagerie des mœurs albanaises, leur fantastique pouvoir de reproduction, le soutien autrefois des Ottomans et aujourd'hui des Européens myopes, ont chassé les Serbes de leurs foyers. (...)

Samardžić N., « Velika Seoba Srba 1690. », in P. Pejanović (ed.), *Seobe srpskog naroda od XIV do XX veka : zbornik radova posvecen tristagodisnjici velike seobe Srba* (Les migrations du peuple serbe du XIVe au XXe siècle : recueil de travaux consacrés au trois centième anniversaire de la Grande migration des Serbes), Beograd, Zavod za udžbenike i nastavna sredstva, 1990, p. 60.

des circonstances similaires en 1739 sous la direction du patriarche Arsenije IV Jovanović-Sakabenta (1698-1748). Ces migrations ont pour conséquence de renforcer la présence serbe en territoire hongrois. Toutefois, il convient de préciser que ces régions ont été désertifiées en raison de la multiplication des conflits militaires aux XVIe et XVIIe siècles. La densité démographique y est très faible : autour des années 1720, on estime la densité démographique du Banat à 2 ou 3 habitants au km², celle de la Bačka à 3-5 habitants au km². Ces régions laissent aux voyageurs de l'époque l'impression d'un véritable désert. Seules les rives du Danube et de la Tisza sont davantage peuplées. Au début du XVIIIe siècle, la Voïvodine est habitée essentiellement de Serbes. On estime la population serbe de Voïvodine (sans le Srem) en 1690 à 210 000 personnes environ. Face à cette situation démographique, l'Empire des Habsbourg entreprend une politique de colonisation de la région dans le but de la repeupler et d'assurer son développement économique. Cette entreprise, inscrite dans la durée, entraîne une modification de la structure de la population au XVIIIe siècle. Des communautés nationales nouvelles y sont installées : des Allemands en premier lieu, mais aussi des Hongrois, des Slovaques, des Tchèques, des Ruthènes. Les Allemands s'établissent en grand nombre dans le Banat et la Bačka, surtout pendant la seconde moitié du XVIIIe siècle. Parallèlement à ce processus, des Roumains s'installent dans la plaine du Banat, en particulier autour de Temišvar (Timisoara) et de Vršac. Les Serbes vivent répartis sur deux territoires distincts : les confins militaires et les territoires civils divisés en *županije* (districts).

Ces divers mouvements de population ont pour effet d'accentuer la dispersion des Serbes dans l'espace yougoslave[5]. Un ensemble territorial serbe se constitue ainsi à l'est liant la Serbie-même, située dans les vallées de la Morava et du Vardar, et la Voïvodine, renfermant les provinces du Banat, de la Bačka et du Srem, dans la plaine de Pannonie[6]. Il se prolonge vers le sud-ouest dans les régions dinariques : sandjak de Novi Pazar, correspondant au territoire de l'ancienne Rascie, berceau de l'empire médiéval serbe des Nemanjić, Monténégro et Herzégovine. Un autre ensemble territorial surgit à l'ouest, comprenant le nord de la Dalmatie, la Lika, le Kordun, la Banija, la Slavonie occidentale (régions des confins militaires de l'Empire des Habsbourg) et la Bosnie occidentale (Bosanska Krajina). Ces deux ensembles territoriaux, s'insérant dans les frontières d'États différents, sont séparés par des territoires mixtes ou intermédiaires où les Serbes côtoient d'autres peuples :

---

[5] Tošić D., *Srpski nacionalni problemi* (Les problèmes nationaux serbes), Paris, Oslobodjenje, 1952, p. 27.

[6] Territoire du sud de la Hongrie jusqu'au début du XXe siècle.

Croates au nord (Confins militaires et nord de la Bosnie) et Slaves islamisés en Bosnie.

Avant le début du XIXe siècle, il n'existe pas une conscience claire de cette dispersion des Serbes, hormis chez les intellectuels, car on n'observe pas à proprement parler de conscience nationale solidement forgée. Les rares intellectuels serbes de l'Empire habsbourgeois estiment dans leurs écrits que les Serbes vivent en Bosnie, en Herzégovine, au Monténégro, dans l'Ancienne Serbie (Kosovo, Macédoine), ainsi que dans l'Empire d'Autriche. Le concept géographique de Serbie ne se construit que progressivement au cours du XIXe siècle[7]. Il n'y a pas de représentation précise de l'étendue des territoires peuplés de Serbes. Le territoire où se déroule la première insurrection serbe (1804-1813) et où naîtra l'État serbe contemporain n'est pas encore appelé par le nom de Serbie. Sa dénomination officielle est le sandjak de Smederevo, les Ottomans désignent également cette région frontalière avec l'Autriche sous le nom de confins. Les contacts sont peu nombreux entre les populations serbes des différentes régions. La Šumadija, nom qui sera donné ultérieurement à cette région densément boisée située entre la Save et le Danube et la Morava occidentale, n'est pas le principal pôle démographique du peuplement serbe. Les Serbes sont plus nombreux en Bosnie et en Herzégovine au début du XIXe siècle. Aux deux ensembles territoriaux à dominante serbe définis plus haut correspond une variété de situations socio-économiques. Les provinces du sud de la Hongrie, influencées par la civilisation d'Europe centrale et fertiles en blé, présentent une diversité sociale plus grande que les autres régions peuplées de Serbes où la population est constituée de paysans et de bergers partageant une culture patriarcale. Le Monténégro et l'Herzégovine, pauvres sur le plan économique, sont des régions d'émigration. Leurs habitants sont nombreux à s'installer en Šumadija ou encore en Bosnie.

C'est dans le morcellement des territoires peuplés de Serbes que réside l'origine de la question nationale de ce peuple. En effet, à l'ère de la formation des États-nations au XIXe siècle, il devient laborieux de constituer un territoire politique national unique, les Serbes étant mélangés à d'autres populations. Quelles doivent en être les frontières ? Doivent-elles inclure des minorités nationales ? La dispersion du peuple serbe constitue donc une donnée significative de l'histoire des Serbes, elle est à l'origine de l'élaboration d'une idéologie nationale et d'un programme d'État particuliers où l'idée d'unité (*jedinstvo*), d'unification (*ujedinjenje*) est devenue primordiale chez certains idéologues. La dis-

---

[7] Ekmečić M., *Stvaranje Jugoslavije : 1790-1918* (La création de la Yougoslavie : 1790-1918), T. 1. Beograd, 1989, p. 76.

persion des Serbes ne constitue pas un cas isolé dans la péninsule balkanique, mais leur degré de dispersion est certainement le plus élevé.

Au cours du XIXe siècle, le centre politique et culturel du peuple serbe se déplace du sud de la Hongrie (Voïvodine actuelle) à la région de la Šumadija (principauté de Serbie). La population (80 % environ) de cette région est originaire de toutes les contrées voisines peuplées de Serbes (Bosnie, Herzégovine, Monténégro, Macédoine, etc.)[8]. Le territoire de la principauté naissante s'étend sur 24 400 km² de 1815 à 1830 avant de s'élargir en 1830 de 13 300 km² par l'adjonction de six districts récupérés aux dépens de l'Empire ottoman. La Serbie s'agrandit à nouveau après les conflits armés qu'elle mène contre l'Empire ottoman entre 1876 et 1878 : elle obtient quatre nouveaux districts (Niš, Vranje, Pirot, Toplica), ce qui porte son territoire à 48 300 km². La plus grande extension territoriale (39 500 km²) de la Serbie est le fruit de sa victoire militaire sur l'Empire ottoman lors de la première guerre balkanique en 1912. Elle prend ainsi le contrôle d'un territoire beaucoup plus large que celui de la principauté au début du XIXe siècle. L'État serbe contemporain se développe donc sur un axe nord-sud, correspondant aux vallées de la Morava et du Vardar, tout comme au Moyen Âge. Il devient un point d'attraction pour les populations serbes vivant en dehors de la principauté, puis du royaume (à partir de 1881).

Les conditions économiques et sociales

Les Serbes, où qu'ils se trouvent dans l'espace balkanique, forment des ensembles sociaux peu différenciés : l'invasion puis la domination ottomane ont provoqué la suppression des différences sociales en leur sein[9]. L'église orthodoxe est la seule institution à avoir survécu à la disparition de l'État médiéval. La noblesse s'est éteinte progressivement entre les XIVe et XVIe siècles. La population est composée principalement de paysans et les chefs de villages (*knez*) ne se distinguent guère du reste des habitants. Outre les divisions administratives ottomanes, le territoire du sandjak de Smederevo est divisé en *knežina*, unité territoriale regroupant plusieurs villages dirigée par un *ober-knez*. Certains de ces chefs locaux ont été reconnus par le pouvoir ottoman et désignés par lui par le biais de décrets (*berat*). Le titre d'*ober-knez* s'est transmis de père en fils au cours de la période ottomane. Ces chefs locaux servent principalement d'intermédiaires entre les villageois et les autorités ottomanes, en particulier au moment de la collecte des impôts. L'homo-

---

8 Seuls 20 % environ des habitants étaient des habitants anciens de la Šumadija, selon les travaux du géographe Jovan Cvijić.

9 Devas G. Y., *La Nouvelle Serbie*, Paris-Nancy, Berger-Levrault, 1918, p. 67.

généité sociale prévaut donc dans le sandjak de Smederevo, on y trouve très peu de Serbes dans les villes où se concentrent les Ottomans ; les chrétiens y habitant sont dans la plupart des cas Grecs ou Aroumains (Valaques). De surcroît, les chrétiens se voient interdire de nombreux métiers : maréchal-ferrant, barbier, boulanger, etc.[10] Le clivage entre les chrétiens et les musulmans n'est pas seulement lié à la religion et au statut social, mais il trouve également une traduction dans l'espace. Les Serbes évitent d'habiter trop près des bourgades et des principaux axes de communication utilisés par les Ottomans et peuplent les campagnes délaissées par les musulmans. En Bosnie, cette différenciation spatiale est moins saillante puisqu'on dénombre de nombreux villages musulmans à coté des villages chrétiens.

Le développement de l'État et de l'économie au XIXe siècle contribue à la différenciation sociale dans des proportions encore très limitées. Les relations économiques avec l'étranger ne se tissent qu'à partir des années 1830 et ce n'est qu'au début du XXe siècle que la Serbie peut mener une politique économique indépendante. La Serbie dépend plus particulièrement de l'Autriche avec qui les échanges sont inégaux (produits agricoles contre produits manufacturés). Les élites politiques et culturelles sont réduites. Dans ce contexte social particulier, les nouvelles dynasties princières sont issues de la paysannerie. Les Serbes forment une société patriarcale dont les membres sont dans la presque totalité analphabètes ; la cellule de base est la *zadruga*, la famille élargie. Au départ, ces structures sociales particulières constituent un frein à la formation de la nation serbe moderne dans la mesure où elles sont fondées sur un éparpillement d'autonomies locales. Ce n'est que dans la seconde moitié du XIXe siècle que les *zadruga* disparaissent au profit de la famille nucléaire et de la propriété individuelle. La Serbie demeure tout le long du XIXe siècle une société essentiellement agraire. C'est d'ailleurs le processus de « nationalisation » de ces masses paysannes (la transformation du paysan en Serbe pour reprendre les termes de l'historien Milorad Ekmečić) qu'il est intéressant d'éclaircir[11].

Au lendemain des insurrections de 1804-1813 et de 1815, l'appareil étatique et administratif est à construire, les élites politique et culturelle sont numériquement faibles, l'éducation et les moyens de communication très peu développés. Le pays est imprégné de la culture ottomane orientale : de l'architecture au mode de vie, en passant par la langue contenant de nombreuses dérivations du turc. La Serbie de la première

---

[10] Karadžić V., *Opisanije Srbije*, Beograd, Srpska književna zadruga, 1987, p. 14.

[11] À propos du développement de la société serbe et de l'intégration nationale, voir Ekmečić M., *op. cit.*, T. 2, pp. 59-83.

moitié du XIXe siècle n'offre pas encore l'apparence d'une région européenne, mais orientale. Tous les segments de la société ont été influencés par plus de quatre siècles de domination ottomane. En 1815, la Serbie compte 450 000 habitants environ : 97 % d'entre eux sont des paysans vivant à la campagne. En 1900, 84 % de la population vit toujours de l'agriculture. La principale activité des paysans est l'élevage qui va en déclinant au XIXe siècle au profit des cultures (maïs, blé, orge, etc.). Il s'agit d'une agriculture d'autosubsistance, caractérisée par la petite taille des propriétés agricoles et l'absence de techniques modernes. Au tournant du XXe siècle, les 4/5 des propriétés agricoles ont une taille inférieure à 10 hectares. Environ 55 % des fermes ont une superficie inférieure à 10 hectares. La proportion des fermes supérieures à 10 hectares s'élève à 17,8 %. Bien que représentant la principale activité du pays, moins de 1 % du budget de l'État est consacré à l'agriculture en 1900. Cette activité ne dégage que des surplus limités pour le marché, soit environ un cinquième de la production.

La population et les classes sociales urbaines demeurent restreintes. En 1834, les citadins ne représentent que 6,5 % de la population. En 1859, leur part augmente légèrement pour atteindre 8 % de la population totale. En 1874, la capitale Belgrade ne rassemble que 2 % des habitants de la principauté. En 1910, 89 856 individus y habitent. Au début du XIXe siècle, les Serbes ne sont pas majoritaires dans les rares villes du pays : Belgrade, dans les années 1830, ne compte que 6 000 à 7 000 Serbes sur une population de 20 000 habitants environ. La classe marchande urbaine est constituée principalement de Valaques hellénisés. Il faudra plus d'une génération pour que les centres urbains perdent leur caractère oriental et soient peuplés majoritairement de Serbes. En 1910, la tendance est inversée : on recense à Belgrade près de 10 000 étrangers sur une population d'environ 90 000 habitants.

Au XIXe siècle, l'industrie est quasi inexistante faute de capital suffisant, de savoir technologique, d'ouvriers qualifiés et d'infrastructures de transport dignes de ce nom. Au milieu du siècle, les mines ne sont pas exploitées, seule une usine sidérurgique, contrôlée par l'État, existe. Malgré l'élaboration de projets de construction d'infrastructures de transport dès les années 1850, la Serbie doit attendre l'année 1884 pour voir sa première ligne de chemin de fer construite. Le réseau de chemins de fer est développé au cours des décennies suivantes : en 1904, il s'étend sur 1 664 kilomètres. En 1898, on recense 28 entreprises industrielles seulement dans le royaume de Serbie, employant 1 702 ouvriers. Le développement de l'industrie ne débute sérieusement qu'au début du XXe siècle, période où l'on situe le début de la révolution industrielle dans le pays. Il est favorisé par la guerre douanière entre l'Autriche-

Hongrie et la Serbie de 1906 à 1911. Le nombre des entreprises industrielles augmente rapidement au début du XXe siècle : de 105 (4 066 ouvriers) en 1903 à 162 (10 077) en 1908. En 1911, la production industrielle représente en valeur un quart de la production agricole, soit 15 % environ du produit national. Les efforts pour industrialiser le pays sont anéantis par les guerres balkaniques (1912-1913) et la Première Guerre mondiale qui provoquent de nombreuses dévastations en Serbie et surtout la perte d'un quart de la population. Avant le début du XXe siècle, il est difficile de parler d'un territoire réellement intégré sur le plan économique. L'économie traditionnelle est largement dominante. Les mécanismes de l'économie de marché capitaliste ne sont introduits qu'à partir de la fin du XIXe siècle à travers l'apparition notamment des premières banques : la Banque nationale est fondée en 1884 seulement.

La révolution serbe (1804-1815) : l'établissement d'une autonomie serbe au sein de l'Empire ottoman

La principauté de Serbie émerge à la suite de deux insurrections qui ont pour cadre géographique principal le *sandjak* de Smederevo. Ce territoire est également connu sous le nom de *pachalik* de Belgrade. Il forme en grande partie une zone frontalière entre les Empires ottoman, au sud, et d'Autriche, au nord. De la fin du XVIIe au début du XVIIIe siècle, il est le théâtre de nombreux conflits entre les armées des deux empires. Il est d'ailleurs occupé à deux reprises par l'Autriche au XVIIIe siècle : entre 1717 et 1739, puis entre 1788 et 1791. Au début du XIXe siècle, le déclin de l'Empire ottoman se poursuit. De nombreuses régions périphériques échappent à son autorité. C'est le cas du *sandjak* de Smederevo, peuplé de 360 000 personnes environ. Le désordre politique, l'action arbitraire de nombreux groupes armés issus des rangs militaires ottomans contrecarrent la volonté du Sultan de rétablir la paix dans les régions frontalières avec l'Autriche. La Porte est incapable de tenir les engagements qu'elle a pris auprès de la population serbe en 1791, 1792 et 1794 au travers de *firmans*, actes de loi. En effet, afin de ramener le calme dans le *sandjak* après la dernière guerre contre l'Autriche, le Sultan accorde un certain nombre de droits aux Serbes : ils peuvent collecter les impôts, porter des armes, organiser leur propre milice, les chefs de village (*knez*) voient leurs prérogatives accrues. Toutefois, la paix est troublée par des soldats insubordonnés liés au pacha du *sandjak* de Vidin, Pazvan-Oglu, en rébellion contre le pouvoir central. Le pacha du *sandjak* de Smederevo, Hadji-Mustafa, est contraint de solliciter l'aide militaire des Serbes pour contrer les janissaires auxquels le Sultan, Selim III, a interdit de s'installer dans cette région après la signature de la paix avec l'Autriche. En 1801, les janissaires rebelles assassinent le pacha Hadji Mustafa et prennent progressivement le contrôle du *sandjak* de Smederevo. En 1804, ayant eu vent de préparatifs insurrectionnels, ils assassinent de nombreux dignitaires locaux serbes. Près de cent cinquante périssent sous leurs armes. La population est alors contrainte de se défendre contre les actes violents perpétrés par les janissaires. Leurs actions d'autodéfense marquent le début d'une longue insurrection qui se déroule entre 1804 et 1813. Le soulèvement des Serbes et l'instauration de nouvelles structures de pouvoir jusque dans les années 1830 caractérisent la « Révolution serbe », traversée par des revendications nationales et sociales, des avancées et des reculs. Deux insurrections (1804-1813 et 1815) se produisent avec chacune un chef différent qui prétendra régner sur la Serbie : deux dynasties, celle des Karađorđević et celle des Obrenović, émergeront des convulsions et soubresauts secouant cette région de l'Empire ottoman. Elles rivaliseront et se succéderont à la tête de l'État serbe au cours du XIXe siècle.

La nécessité de coordonner les opérations militaires, d'assurer l'approvisionnement en armes et en munitions, de collecter des fonds, mais aussi d'entretenir des relations avec les représentants des grandes puissances (France, Autriche et Russie) conduit les insurgés serbes à établir une autorité centrale dans le *sandjak* de Smederevo. En février 1804, Đorđe Petrović (1762-1817), appelé également Karađorđe (Đorđe le noir – *kara* en turc signifiant noir), marchand de porcs ayant servi dans les rangs autrichiens lors de la dernière guerre austro-turque et s'étant livré à des actions de brigandage, est désigné comme la principale autorité politique et militaire. En fait, dans un premier temps, les insurgés ne contestent pas l'autorité du Sultan qui les appuie dans leur combat contre les janissaires insubordonnés. Aussi, négocient-ils avec la Porte dans le but d'obtenir le maintien et l'application des réformes de Selim III. Néanmoins, le soutien du Sultan est de courte durée. Tandis que les Serbes tentent d'obtenir l'appui de la Russie et de leurs compatriotes de Bosnie, d'Herzégovine et de l'Empire habsbourgeois, le Sultan opère en 1805 un revirement en renonçant à la lutte contre les janissaires réfractaires. Il décide d'écraser l'insurrection, représentant à ses yeux un plus grand danger. Mais les insurgés écrasent les troupes ottomanes à plusieurs reprises : la forteresse de Smederevo est prise en 1805 et la ville de Belgrade conquise en 1806. La Porte est contrainte de faire des concessions et propose aux insurgés un statut d'autonomie. Néanmoins, l'entrée en guerre de la Russie contre l'Empire ottoman en 1806 amène les Serbes à reprendre les combats contre les Ottomans. L'objectif des insurgés devient alors l'indépendance de la Serbie et l'union de l'ensemble des Serbes dans un même État[12]. Cependant, les divisions internes entre les notables locaux rejetant l'établissement d'une autorité centrale sous la conduite de Karađorđe Petrović, le jeu des grandes puissances (Russie, France, Autriche) et l'absence d'appui sérieux de la Russie (elle signe un accord de paix avec l'Empire ottoman en mai 1812) et de l'Autriche ont pour conséquence la défaite des forces serbes en octobre 1813. Les Ottomans abolissent alors l'ordre social et politique instauré entre 1804 et 1813 et tentent de rétablir le système antérieur d'exploitation des terres, tout en veillant à renouveler les autonomies locales de la population chrétienne.

La violente « pacification » du *pachalik* de Belgrade provoque de nouvelles révoltes en 1815. Elles sont coordonnées par Miloš Obrenović (1783-1860) qui évite la répression de l'insurrection en négociant et manœuvrant habilement avec les Ottomans. En préférant l'action diplomatique, il obtient pour lui-même le titre de prince et pour la Serbie un statut d'autonomie limitée, comprenant la création d'un Bureau national (« *Narodna kancelarija* ») représentant les chefs locaux. Les projets politiques de Miloš Obrenović sont limités au *pachalik* de Belgrade et n'embrassent pas les Serbes vivant en dehors de cette aire géographique[13]. Après 1815, le centre du rassemblement national est établi dans la Šumadija, mais ce n'est que dans la seconde moitié du XIXe siècle que cette région jouera pleinement un rôle de Piémont.

Miloš Obrenović ayant lié ses intérêts à ceux de la principauté serbe mène une politique conciliatrice vis-à-vis de l'Empire ottoman dans le but d'assurer l'émancipation du petit État renaissant et son titre de prince héréditaire. Sa stratégie s'avère payante : dans la convention d'Akkerman de 1826, la Porte s'engage à reconnaître le statut de principauté autonome à la Serbie sur la base de l'article VIII du traité de paix de Bucarest signé en 1812 par elle et la Russie. Mais il faut la guerre russo-ottomane de 1827-29 pour voir la mise en application de ces accords. Ils sont concrétisés par les *khatt-i-cherif* (décrets) de 1830 et 1833 qui font de Miloš Obrenović le prince héréditaire de la Serbie. Ces actes établissent l'administration autonome de la principauté demeurant vassale de l'Empire ottoman. En effet, la Serbie sera un État

---

12 Čubrilović V., *Istorija političke misli u Srbiji XIX veka* (Histoire de la pensée politique en Serbie au XIXe siècle), Beograd, p. 73.

13 Les relations avec les autres territoires peuplés de Serbes furent faibles et Miloš Obrenović n'apporta pas son soutien aux autres mouvements de libération nationale dans les Balkans qui se développèrent notamment dans les provinces danubiennes et en Grèce.

à souveraineté limitée jusqu'en 1878[14]. La principauté obtient également six nouveaux districts qui permettent de doubler son territoire. Les Ottomans se maintiennent uniquement dans quelques garnisons à travers le pays. De nombreux musulmans ont par ailleurs été chassés ou contraints à l'exil durant les insurrections. Le rapport aux musulmans sera problématique pour la nouvelle principauté qui ne parviendra pas à trouver de solutions conciliatrices à leur égard. Les insurrections des paysans serbes du début du XIXe siècle ont donc contribué à l'affirmation de la conscience nationale ainsi qu'à l'établissement des fondements de l'unification du peuple serbe.

Miloš Obrenović réussit à limiter les prérogatives des autorités ottomanes et à instaurer progressivement un appareil administratif lié entièrement à sa personne. Le nouveau prince est issu d'une famille de paysans pauvres et n'a pas reçu d'éducation : il ne sait ni lire, ni écrire. Il développe un pouvoir despotique et s'accapare les richesses de la région[15] suscitant un large mécontentement de la paysannerie, des chefs locaux et une succession de révoltes (en 1817, 1821, 1825, 1826, etc.). De surcroît, il fait assassiner ses opposants politiques : en 1817, son principal rival, Karađorđe Petrović, est victime de sa politique criminelle. Il se fait élire prince à titre héréditaire sans pour autant obtenir la reconnaissance des Puissances. En réalité, son comportement ne se distingue guère de celui des divers pachas qui ont gouverné cette région auparavant.

La Principauté de Serbie (1830-1842)

Au cours des années 1830, un courant favorable à la limitation du pouvoir arbitraire de Miloš Obrenović s'affirme, revendiquant plus de légalité dans le pays et plus de libertés dans la sphère économique. Le *khatt-i-cherif* de 1830 prévoit l'établissement d'une Assemblée et d'un Conseil. Toutefois, Miloš Obrenović ne souhaite pas voir ces institutions fonctionner dans la mesure où elles limiteraient son pouvoir personnel. Vuk Karadžić (1787-1864) figure parmi les détracteurs du nouveau prince de Serbie : dans une lettre ouverte, datée du 12 avril 1832, il dénonce son despotisme. Il y réclame une Constitution, l'établissement d'une administration civile moderne. Il préconise, entre autres, la

---

14 Stojanović R., « Međunarodnopravni položaj Srbije i politika Ilije Garašanina » (La position internationale de la Serbie et la politique d'Ilija Garašanin), in *Ilija Garašanin (1812-1874)*, pp. 120-122.

15 Miloš Obrenović s'était notablement enrichi, il s'était accaparé les terres confisquées aux Ottomans en 1815, la perception des impôts et des douanes se faisait à son profit et il contrôlait le monopole du sel.

suppression de la corvée dont abuse Miloš Obrenović, la création d'écoles, la suppression des monopoles commerciaux du prince (sur le sel et le bétail) et la liberté d'expression. Le prince serbe est considéré comme l'un des hommes les plus riches d'Europe dans les années 1830-1840, malgré son apparence modeste.

En 1834, un complot est préparé par des notables qui tentent de lever une rébellion contre Miloš Obrenović. Un compromis est trouvé entre le prince et ses opposants par l'intermédiaire de Toma Vučić-Perišić (1787-1859), un paysan illettré aux ambitions politiques affirmées. Miloš Obrenović est contraint de proclamer une Constitution et de nommer les membres du Conseil. Le texte de la Constitution adoptée le 14 février 1835 est jugé trop libéral par l'Autriche, la Russie et l'Empire ottoman. Pour cette raison, Miloš Obrenović suspend officiellement la Constitution en mars 1835. Il provoque la démission de l'auteur de la Constitution, le ministre de l'Intérieur et de l'Éducation, Dimitrije Davidović (?-1839). Les leaders de la défense de la cause constitutionnelle prennent le chemin de l'exil et s'installent dans la province roumaine de Valachie.

Les grandes puissances s'immiscent dans la crise constitutionnelle : paradoxalement la France et la Grande-Bretagne, pays constitutionnels, soutiennent le régime absolutiste de Miloš Obrenović, tandis que la Russie et l'Autriche, pays absolutistes, optent pour la limitation du pouvoir du Prince et appuient les constitutionnalistes menés par Toma Vučić-Perišić. Finalement, la solution vient d'Istanbul qui proclame une nouvelle Constitution pour la Serbie le 24 décembre 1838. Elle instaure un partage du pouvoir entre le prince et un conseil de 17 membres nommés à vie, responsables devant le Sultan. Le Conseil dispose de larges prérogatives, il possède notamment le pouvoir législatif. Un mini-gouvernement est institué : il comprend quatre ministres (Affaires étrangères et Chancellerie princière, Intérieur, Finances et Justice). Le gouvernement dépend davantage du Conseil que du Prince. L'indépendance de la justice est reconnue. La nouvelle Constitution de la principauté de Serbie (dite également « Constitution ottomane ») permet le passage d'un pouvoir absolutiste à un pouvoir oligarchique. La défaite de l'absolutisme monarchique ne signifie pas que la démocratie l'a emporté. La Constitution ne prévoit pas la convocation d'une Assemblée nationale permettant d'assurer la représentation de la population de la principauté.

Confronté à la limitation de son pouvoir et ne pouvant contrôler le nouveau Conseil composé de ses opposants, Miloš décide de quitter la Serbie en avril 1839. En mai 1839, une révolte de ses partisans éclate dans la région de Kragujevac. En une semaine, Toma Vučić-Perišić réprime sévèrement les insurgés. Miloš Obrenović n'a pas d'autre choix que d'abdiquer le 13 juin 1839 au profit de son fils aîné, Milan (1819-1839). Il se retire alors dans ses domaines en Valachie. Le nouveau prince est très malade : atteint de la tuberculose, il décède au bout de 26 jours. Il n'a même pas su qu'il était le nouveau prince de la Serbie ! Le Conseil propose alors au Sultan le fils cadet de Miloš, le prince Mihailo Obrenović (1823-1868), âgé de seize ans, qui réside avec son père en Valachie.

Lors de l'arrivée du nouveau prince à Belgrade en mars 1840, le mécontentement contre le régime des « constitutionnalistes » se développe et oblige les membres du Conseil à trouver refuge dans la forteresse de Belgrade auprès du pacha. Les insurgés avancent trois revendications principales : ils souhaitent que le prince écarte ses conseillers, membres du Conseil, notamment Toma Vučić-Perišić et Avram Petronijević (1791-1852) ; ils revendiquent le retour de Miloš Obrenović et ils exigent que Kragujevac redevienne la capitale de la principauté, comme elle l'a été entre 1818 et 1839. La crise politique qui secoue la principauté conduit l'Empire ottoman à intervenir une nouvelle fois dans les affaires intérieures serbes. Un émissaire, Musa Efendi, est envoyé à Belgrade pour ramener l'ordre et punir les fauteurs de troubles. Une assemblée nationale est convoquée en juillet 1840 à Topčider, dans les environs de Belgrade : elle rassemble les représentants du peuple et les notables locaux, les évêques, le bas clergé, le Conseil et les juges. Elle reconnaît la Constitution de 1838 et le décret du Sultan proclamant Mihailo prince de Serbie. Mihailo tente alors de rétablir le calme dans la principauté : il réprime les actions des partisans de son père et tient à l'écart les constitutionnalistes, soutenus par l'Empire ottoman. Dans ces circonstances, Toma Vučić-Perišić organise une insurrection contre le pouvoir de Mihailo : fin août-début septembre 1842, il lance une marche sur Kragujevac à partir de Smederevo. Ses troupes, quoique inférieures numériquement, prennent le dessus et provoquent la fuite du prince en Autriche.

Le règne d'Alexandre Karađorđević (1842-1858)

Bien que devenue autonome en 1830, la petite principauté de Serbie n'est pas parvenue à consolider son appareil étatique au cours des années 1830 en raison des conflits politiques entre Miloš Obrenović et les Défenseurs de la constitution. L'autonomie de la Serbie est fragile et les grandes puissances en profitent pour intervenir dans ses affaires. Après avoir écarté les Obrenović du trône, les constitutionnalistes organisent le retour d'Alexandre Karađorđević (1806-1885), fils du chef de la première insurrection serbe. Après un séjour en exil qui l'a conduit d'Autriche en Bessarabie, il revient en Serbie à l'âge de 33 ans où il est fait lieutenant de l'armée par le prince Mihailo Obrenović. Désigné prince de Serbie le 14 septembre 1842, il voit son intronisation contestée par l'Autriche et la Russie qui n'acceptent pas le renversement du prince Mihailo par des insurgés. Si l'Autriche du prince de Metternich craint un débordement des troubles politiques en Serbie sur son propre territoire où vivent des populations slaves du sud, la Russie, se considérant comme une puissance protectrice du peuple serbe, manifeste son opposition car elle n'a pas été consultée à propos de l'élection du nouveau prince. La Russie impose ses conditions à la Porte : il faut détrôner le prince Alexandre afin d'organiser une nouvelle élection, relever de ses fonctions le vizir de Belgrade, considéré comme le principal coupable, et punir les responsables des troubles, Toma Vučić-Perišić et Avram Petronijević. Le 15 juin 1843, la grande assemblée nationale procède à la nouvelle élection d'Alexandre Karađorđević.

Sous le règne de ce dernier on assiste au renforcement de l'appareil administratif et bureaucratique. La plupart des fonctionnaires de l'État ne sont pas natifs de Serbie, mais viennent d'Autriche et du sud de la Hongrie, ce qui n'est pas sans provoquer des tensions avec les dignitaires locaux illettrés, se targuant de leurs victoires militaires. Ces fonctionnaires sont souvent perçus comme des étrangers par nombre d'entre eux. De nombreux progrès sont réalisés en matière de justice : un code civil est proclamé en 1844, établissant la propriété privée des terres. La Serbie se transforme en un pays de petits propriétaires terriens. L'émergence d'institutions étatiques contribue à diffuser et à renforcer la conscience nationale. Ces instruments favorisent, à une échelle encore limitée, la mise en liaison des habitants du pays. C'est au cours des années 1840 que la principauté formule clairement son premier programme national visant à libérer les Serbes demeurant encore dans l'Empire ottoman. Ce programme est l'œuvre du ministre de l'Intérieur, Ilija Garašanin (1812-1874) qui devient l'un des hommes les plus puissants de la principauté sous le règne d'Alexandre Karađorđević. La principauté serbe tente de se libérer de l'influence autrichienne et russe en cherchant appui auprès de la France et de la Grande-Bretagne.

Si la Constitution de 1838 a limité le pouvoir absolu du prince, elle n'a pas pour autant instauré un système démocratique. Elle n'a pas prévu de représentation nationale et ignore l'assemblée en tant qu'institution. Si des assemblées représentatives sont convoquées de temps à autres (1842, 1848), c'est uniquement à l'occasion de troubles politiques et révolutionnaires. La convocation de l'assemblée apparaît alors comme un moyen pour sortir de l'impasse dans laquelle se sont engouffrées les autorités. Le pouvoir du prince, qui n'est pas héréditaire, est limité par un Conseil d'État composé de dix-sept membres âgés de plus de 35 ans et nommés à vie. Le Conseil d'État dispose du pouvoir législatif et judiciaire et supervise le travail du gouvernement, dont les ministres doivent être désignés parmi ses membres. La division des pouvoirs entre le Prince et le Conseil n'étant pas toujours clairement établie, les conflits se multiplient entre les pouvoirs exécutif et législatif. Dans la pratique, le Conseil apparaît de plus en plus déconnecté des réalités sociales et constitue une entrave au développement de l'État. Dans la seconde moitié des années 1850, le prince Alexandre tente de limiter le pouvoir du Conseil, en nommant lui-même des ministres du gouvernement qui ne font pas partie de cette instance. Ayant défait une conspiration à laquelle est mêlé le président même du Conseil, le prince en profite pour affaiblir cette institution : il fait emprisonner quatre conseillers, démettre de leurs fonctions six autres. Mais son ascendant sur le Conseil est de courte durée. Une assemblée est convoquée à Belgrade le 12 décembre 1858, le jour de la Saint-André pour trancher le conflit entre le prince et son opposition. Elle exige le 22 décembre 1858 la démission du prince et invite Miloš Obrenović à remonter sur le trône.

Le retour de Miloš Obrenović et le règne de son fils Mihailo (1860-1868)

Lorsqu'il revient sur le trône de la principauté de Serbie, Miloš Obrenović est âgé de 78 ans. Son second règne est bref, puisqu'il décède un an et demi plus tard, laissant la place à son fils Mihailo, âgé de 37 ans. Mihailo a déjà été prince de la Serbie entre 1839 et 1842 avant d'être chassé du pouvoir par les Défenseurs de la Constitution. Il ambitionne de réorganiser le gouvernement du pays, de mieux structurer ses forces armées à travers la création d'une armée nationale de conscription. Son objectif est d'affaiblir encore plus l'Empire ottoman dans le but de partager sa dépouille avec les autres États balkaniques. Le nouveau prince a vécu pendant 17 ans éloigné de la Serbie. Marié à une noble hongroise, Julia Hunyadi, il a eu le temps de voyager et de séjourner dans les capitales européennes avant son retour au pouvoir. Il apparaît comme un souverain éclairé au contraire de son père, illettré et autoritaire. Pourtant, il exercera le pouvoir tout aussi arbitrairement.

Après avoir renforcé et réorganisé l'armée de la principauté, en particulier grâce au travail du Colonel français Hippolyte Mondain, devenu son ministre de la Guerre entre 1862 et 1865, et obtenu en 1866-1867 le retrait des soldats turcs des garnisons qu'ils occupaient encore à travers le pays, Mihailo Obrenović se lance dans une politique nationale active visant à libérer les Slaves du sud des Empires ottoman et habsbourgeois. Sa politique extérieure dépasse de loin le cadre géographique des aspirations formulées par Ilija Garašanin dans les années 1840. Elle ne se limite pas au Monténégro, au nord de l'Albanie et à la Bosnie-Herzégovine, mais englobe également les Serbes et les Croates de l'Empire habsbourgeois, ainsi que les Bulgares de l'Empire ottoman. Elle dépasse le cadre de la nation serbe et envisage la création d'un grand État yougoslave. Afin d'atteindre cet objectif, il développe un système d'alliance avec ses voisins balkaniques. En octobre 1866, un traité est conclu avec le Monténégro à Cetinje, en août 1867 avec la Grèce et en février 1868 avec la Roumanie. Il contribue aussi à la structuration du mouvement révolutionnaire bulgare et à l'armement de sa Légion composée de plusieurs centaines d'hommes. Le projet national de Mihailo Obrenović se distingue également de l'esprit du *Načertanije*, programme national élaboré en 1844, par les moyens envisagés pour réaliser les objectifs fixés. Dans les années 1860, il n'est plus question uniquement d'un travail de propagande, mais une action révolutionnaire et insurrectionnelle est clairement prévue, en particulier en Bosnie-Herzégovine. Au cours des années 1860, les projets de recomposition politique de la péninsule balkanique dans le cas d'une défaite militaire de l'Empire ottoman foisonnent : d'une union serbo-bulgare à une confédération balkanique, tous les scénarios sont envisagés par le prince Mihailo et son ministre des Affaires étrangères, Ilija Garašanin. Toutefois, le système d'alliance balkanique établi par eux n'est pas sans faille. Si une action militaire apparaît possible contre un ennemi commun, les conflits d'intérêts surgissent entre les pays balkaniques : entre la Grèce et la Serbie à propos de la Macédoine, entre la Serbie et le Monténégro à propos de leur influence sur les Serbes de l'Empire ottoman. La Serbie peuplée de 1 250 000 habitants forme la principale puissance militaire chrétienne des Balkans avec une armée de 90 000 hommes contre 8 000 pour la Grèce. Face aux nouveaux États balkaniques, l'Empire ottoman est capable de mobiliser plusieurs centaines de milliers de soldats. Assassiné le 9 juin 1868, dans le contexte d'un scandale concernant son remariage, les projets nationaux de Mihailo Obrenović n'ont pas été concrétisés. Ses ambitions dépassent de loin les capacités de la Serbie à les réaliser.

La Grande Crise d'Orient (1875-1878) : l'indépendance de la Serbie et du Monténégro

Depuis sa défaite militaire aux portes de Vienne à la fin du XVIIe siècle, l'Empire ottoman est entré dans une phase de déclin progressif. Il devient « l'homme malade de l'Europe » et sa décadence suscite les convoitises contradictoires des grandes puissances européennes. Ce sont là les fondements de la « Question d'Orient » dont la chronologie s'étend de 1683 à 1923, jusqu'à la disparition définitive de l'Empire ottoman.

Au XIXe siècle, plusieurs crises remettent en cause la grandeur de l'Empire ottoman : les insurrections serbes du début du siècle, l'insurrection grecque qui aboutit en 1829 à la reconnaissance de l'indépendance de la Grèce, la crise égyptienne de 1832-1840, la guerre de Crimée de 1854-1856. Toutes ces crises suscitent l'intervention des grandes puissances européennes qui imposent leurs décisions au Sultan. Chacune d'entre elles cherche à freiner les ambitions de ses adversaires respectifs. Les intérêts des grandes puissances sont divergents. Le Royaume-Uni se prononce pour le maintien de l'intégrité de l'Empire ottoman pour assurer sa domination sur la Méditerranée orientale ouvrant l'accès aux colonies britanniques des Indes. L'influence britannique sur le Sultan est combattue par la France qui est également une puissance méditerranéenne. L'Autriche, jusque dans les années 1860, s'intéresse surtout au maintien de l'influence autrichienne en Allemagne. Une fois vaincue par la Prusse, elle se tourne vers les Balkans et affiche son intérêt pour la Bosnie et l'Herzégovine. La Russie suit de près les évolutions de l'Empire ottoman : elle cherche un accès à la Méditerranée par la protection des chrétiens de la péninsule balkanique et la possession des détroits ottomans : les détroits du Bosphore et des Dardanelles.

Les insurrections paysannes en Bosnie-Herzégovine

La Bosnie et l'Herzégovine forment des provinces périphériques de l'Empire ottoman où le pouvoir est détenu par les grands propriétaires terriens. Au cours des années 1870, la situation financière de l'Empire ottoman se détériore. L'État s'est endetté auprès de banques occidentales : la pression fiscale augmente alors sur les masses paysannes. On compte à l'époque 85 000 familles environ de serfs : 73,92 % sont orthodoxes, 21,49 % catholiques. De nombreux paysans sont contraints de fuir leurs terres au moment de la collecte des impôts et de se réfugier sur le territoire de l'Empire austro-hongrois ou du Monténégro. En 1874, année de mauvaise récolte, la tension monte dans les villages de Bosnie et d'Herzégovine. En juin et juillet 1875, plusieurs révoltes paysannes éclatent en Herzégovine, en particulier dans la région de Nevesinje, contre les collecteurs d'impôts. Elles constituent le point de départ d'un mouvement insurrectionnel qui se répand à travers le pays. En août 1875, l'insurrection affecte la Bosnie : la région de la Bosanska Krajina, la Bosnie orientale, puis le sandjak de Novi Pazar. Le mouvement insurrectionnel ne possède pas de commandement unifié. Au contraire, il est très morcelé, éclaté en de multiples bandes armées dirigées par des chefs différents (on compte près de 40 bandes armées dans les deux provinces). Il est difficile de trouver une cohésion dans les différentes actions militaires entreprises. Les tentatives d'unifier le mouvement n'aboutissent pas réellement. De nombreux comités de soutien se forment dans les pays voisins (à Belgrade, à Zagreb, à Dubrovnik, à Cetinje) et ailleurs en Europe : ils viennent en aide aux réfugiés.

Bien que la conscience nationale soit très peu développée chez les paysans, lors de l'insurrection des lignes de fracture se profilent. Tandis que les paysans catholiques, guidés par leur clergé, souhaitent le rattachement de l'Herzégovine et de la Bosnie à la Croatie, les insurgés serbes, menés par des marchands et des agents du gouvernement de Belgrade, se prononcent en faveur d'une union avec la Serbie. En Herzégovine orientale, c'est la volonté d'union avec le Monténégro qui prédomine.

La guerre de la Serbie et du Monténégro contre l'Empire ottoman (1876-1877)

Le nouveau prince, Milan Obrenović (1854-1901), se montre beaucoup moins intéressé par le projet de libération des Slaves du sud vivant dans les Empires ottoman et austro-hongrois que son prédécesseur Mihailo. Au début de la crise de 1875, le prince Milan Obrenović refuse d'apporter le soutien de la principauté aux insurgés et d'entrer en guerre contre l'Empire ottoman. Les forces politiques serbes sont divisées : les libéraux et les socialistes se prononcent pour l'intervention tandis que les conservateurs s'y opposent. Ce sont les événements de Bulgarie en avril et mai 1876 qui conduisent le prince à changer d'avis et à se rallier à la cause de la guerre. En avril 1876, une insurrection éclate en Bulgarie. Elle est sévèrement réprimée par les Ottomans : plus de 30 000 personnes auraient péri. Cette répression est dénoncée par la presse occidentale. À Istanbul, l'Empire ottoman est affaibli par une crise politique qui a pour conséquence le renversement du sultan Abdül Aziz fin mai 1876. Tous ces événements incitent la Serbie et le Monténégro à entrer en guerre. Les deux principautés s'entendent et définissent leurs objectifs de guerre. Le prince Nikola Petrović-Njegoš (1841-1921) du Monténégro souhaite obtenir l'Herzégovine ainsi qu'un débouché sur la mer qui fait défaut à la petite principauté monténégrine enclavée dans les montagnes. Le 16 juin 1876, un traité d'alliance entre la Serbie et le Monténégro est signé. Il a pour objectif la libération des chrétiens et en premier lieu des Serbes de la Turquie d'Europe. La Serbie et le Monténégro s'opposent au partage de l'Empire ottoman par les grandes puissances. Selon leurs dirigeants, les territoires convoités doivent appartenir aux peuples qui les habitent. La Serbie s'engage à obtenir le soutien de la Grèce et de la Roumanie, qui toutefois préféreront demeurer neutres. La Russie, allié potentiel de leur cause, est opposée à cette entreprise militaire. Le 30 juin, la Serbie déclare la guerre à l'Empire ottoman. Le 2 juillet, les armées serbes et monténégrines pénètrent en territoire ottoman. En fait, les deux pays ne sont pas prêts sur le plan militaire à affronter l'Empire. Le Monténégro compte entre 17 000 et 20 000 soldats. La Serbie parvient à en mobiliser 124 000. De son côté, l'Empire ottoman aligne près de 500 000 soldats établis entre la Bulgarie, la Bosnie, l'Herzégovine et le nord de l'Albanie. Le général russe, M. G. Tchernaiev (1828-1898), appartenant au mouvement panslaviste, est placé à la tête de l'armée serbe. Il souhaite contraindre la Russie à entrer en guerre contre les Ottomans. L'effort militaire n'est pas concentré sur la Bosnie, mais sur la Bulgarie dans le but d'y relancer le mouvement insurrectionnel et de couper les communications entre Istanbul et la région de Niš, l'objectif principal étant de provoquer une insurrection générale dans les Balkans. Au bout de deux semaines de combats, les armées serbes peu disciplinées et mal organisées se révèlent inefficaces face à un ennemi beaucoup mieux équipé et armé. Le soutien des volontaires russes panslavistes ne change rien à cette situation. Fin octobre 1876, les armées serbes ne parviennent plus à résister aux Ottomans. La vallée de la Morava, et par conséquent la route de Belgrade, s'ouvrent aux troupes ottomanes. La Serbie ne doit son salut qu'à l'intervention du tsar Alexandre qui adresse un ultimatum à la Sublime Porte, lui demandant de cesser les hostilités. Un armistice de deux mois est alors conclu le 31 octobre 1876. La Serbie n'a pas d'autre choix que de conclure la paix avec l'Empire ottoman le 26 février 1877, sur la base de la situation d'avant-guerre : *statu quo ante bellum*. Cette défaite représente un choc pour le pays dont nombre de ses intellectuels et dirigeants pensaient qu'il pouvait mener une mission de libération des peuples balkaniques. Ces accords de paix ne concernent pas le Monténégro, qui poursuit avec succès ses opérations militaires en Herzégovine.

Le 24 avril 1877, sous la pression des milieux panslavistes, la Russie déclare la guerre à l'Empire ottoman. Ses troupes traversent alors les principautés roumaines : elles franchissent le Danube et pénètrent en Bulgarie le 23 juin 1877. L'avancée russe est arrêtée à Pleven, dont le siège dure du mois de juillet à décembre 1877. La Russie demande à la Serbie d'intervenir dans le conflit, mais son gouvernement préfère temporiser. Le pays est affaibli, il sort d'une guerre douloureuse contre les Ottomans. La chute de la forteresse de Pleven le 10 décembre 1877 ouvre la voie d'Istanbul aux armées russes. Le 13 décembre, la principauté de Serbie déclare à nouveau la guerre à l'Empire ottoman. La seconde guerre serbo-ottomane dure six semaines. Les combats se déroulent dans la Serbie du sud-est. Les armées serbes conquièrent les villes de Niš, Pirot et Vranje. Le 20 janvier 1878, les troupes russes prennent la ville d'Andrinople. Un armistice est alors signé le 31 janvier 1878.

Les grandes puissances et la crise d'Orient

En 1873, Bismarck négocie au nom de l'Allemagne avec l'Autriche-Hongrie et la Russie une alliance destinée à maintenir le *statu quo* européen. Cette alliance défensive est connue sous le nom d'« Entente des Trois Empereurs ». Face à l'insurrection en Bosnie-Herzégovine, les gouvernements de l'Entente se consultent. La Russie reconnaît la primauté des intérêts de l'Autriche-Hongrie dans cette région des Balkans. En décembre 1875, les trois puissances proposent une solution au conflit qui est acceptée par la Porte mais rejetée par les insurgés. Il s'agit d'introduire des réformes administratives pour ramener le calme en Bosnie et en Herzégovine. En mai 1876, un nouveau programme est formulé, le Mémorandum de Berlin, mais il est rejeté cette fois-ci par l'Empire ottoman. Le 8 juillet 1876, les ministres des Affaires étrangères de la Russie et de l'Autriche-Hongrie se réunissent en Bohême à l'occasion d'une rencontre entre les empereurs François-Joseph et Alexandre II. Ils s'entendent sur leurs intérêts mutuels dans les Balkans. L'accord est conclu verbalement. Plusieurs versions seront ensuite transcrites à partir des notes des deux ministres et de leurs collaborateurs. L'objectif est d'éviter l'apparition d'un conflit d'intérêts entre leurs États respectifs alors que la Serbie et le Monténégro viennent de déclarer la guerre à l'Empire ottoman. En cas de victoire de ce dernier, le *statu quo* territorial doit être rétabli. En cas de victoire des États balkaniques, il faudra procéder à un partage territorial. Aucun grand État slave du sud ne saurait être institué. Les territoires de la Serbie et du Monténégro seront toutefois agrandis : la Serbie obtiendra des parties de l'Ancienne Serbie et la Bosnie ; le Monténégro recevra l'Herzégovine et un débouché sur la mer adriatique. La Grèce recevra la Thessalie, une partie de l'Épire et la Crète. Les territoires ottomans restants seront répartis entre trois États autonomes : la Bulgarie, la Roumélie et l'Albanie. En janvier 1877, une convention secrète est conclue à Budapest entre l'Autriche-Hongrie et la Russie reprenant en grande partie les termes des arrangements de Reichstadt. Il confirme le partage des Balkans en deux zones d'influence : l'influence autrichienne est reconnue sur les territoires de la Bosnie-Herzégovine, l'influence russe sur la Roumanie et la Bulgarie. En raison du mélange des populations chrétienne et musulmane, il n'est pas prévu un statut d'autonomie renforcé pour la Bosnie et l'Herzégovine. La Bulgarie présentant une situation meilleure se verra attribuer une autonomie élargie garantie.

Les grandes puissances tentent de trouver une issue diplomatique à la crise : en décembre 1876, une conférence rassemblant toutes les grandes puissances européennes est réunie à Istanbul. Le gouvernement ottoman rejette les solutions proposées, prétextant la proclamation d'une constitution reconnaissant l'égalité de tous les citoyens de l'Empire. Les mesures élaborées par les grandes puissances prévoyaient un agrandissement territorial de la Serbie et du Monténégro, l'autonomie de la Bosnie-Herzégovine et de la Bulgarie, le maintien de la souveraineté du Sultan sur ces territoires. La voie de la guerre entre la Russie et l'Empire ottoman devient inéluctable. Le 16 avril 1877, une convention est signée entre la Russie et la Roumanie pour assurer le passage des troupes russes. Le 24 avril 1877, la Russie déclare la guerre à l'Empire ottoman.

À la suite de la victoire russe en janvier 1878, des négociations de paix sont engagées à San Stefano. Aucun des gouvernements des principautés balkaniques n'est associé aux négociations. C'est la Russie impériale qui, elle seule, détermine le destin des peuples balkaniques. Les négociations aboutissent à l'accord de paix russo-ottoman du 3 mars 1878, connu sous le nom de traité de San Stefano. Le Monténégro, la Serbie et la Roumanie sont reconnus comme États indépendants. La Bulgarie devient une principauté autonome versant tribut au Sultan, mais les limites de son territoire sont très étendues : elles comprennent la Bulgarie, la Macédoine et une partie de la Thrace. Le traité prévoit l'occupation militaire de la Bulgarie par la Russie pour une période de deux ans ainsi que la participation russe à l'établissement des structures gouvernementales bulgares. La Serbie est déçue par l'issue des négociations. Elle obtient uniquement la région de Niš et doit céder les territoires qu'elle a conquis, en particulier autour des localités de Pirot et de Vranje qui sont intégrées à la Bulgarie. Les gains territoriaux du Monténégro sont beaucoup plus importants (15 700 km²) : il triple la superficie de son territoire, il obtient, entre autres, le port de Bar. La Bosnie et l'Herzégovine se voient attribuer un statut d'autonomie.

Le traité de San Stefano satisfait principalement les intérêts de la Russie et de la Bulgarie. Il provoque le mécontentement de l'Autriche-Hongrie et du Royaume-Uni. La Russie se voit contrainte d'accepter le principe de la réunion d'une conférence internationale pour régler les différends entre les grandes puissances. Tout au long du printemps 1878, celles-ci mènent des négociations pour parvenir à une entente. L'occupation de la Bosnie, de l'Herzégovine et du sandjak de Novi Pazar par l'Autriche-Hongrie constitue un point de discorde entre la monarchie habsbourgeoise, la Russie et l'Empire ottoman. L'Autriche-Hongrie s'oppose à l'autonomie de la Bosnie-Herzégovine au sein de l'Empire ottoman. Elle considère que l'Empire ottoman est incapable de garantir ce statut d'autonomie. Elle rejette également l'union de la Bosnie et de l'Herzégovine à la Serbie ou au Monténégro, ainsi que la perspective de la création d'un grand État rassemblant toutes ces régions qui remettrait en cause la stabilité de ses frontières méridionales et exercerait une attraction sur les Croates et les Serbes vivant sur ses territoires. L'Autriche-Hongrie souhaite contrebalancer l'influence russe dans les Balkans et entraver l'unité des peuples slaves balkaniques. Le Congrès devant élaborer une solution à la crise internationale se déroule à Berlin du 13 juin au 13 juillet 1878. L'objectif principal du Congrès est d'établir une paix durable entre la Russie et ses alliés balkaniques, d'une part, et l'Empire ottoman, d'autre part. Les négociations sont présidées par le chancelier allemand, Bismarck. Y participent l'Allemagne, l'Autriche-Hongrie, la France, la Grande-Bretagne, l'Italie, la Russie et l'Empire ottoman. Les pays balkaniques ne sont pas conviés à participer directement aux négociations. Ils y envoient des représentants chargés de défendre au mieux les intérêts de leur pays. La Serbie est représentée par le ministre des Affaires étrangères Jovan Ristić (1831-1899). Le représentant serbe y défend l'indépendance de la principauté de Serbie et son élargissement territorial à l'ancienne Serbie, à savoir le *vilayet* du Kosovo. En fait, pour défendre ses frontières orientales contre les intérêts bulgares et russes, la Serbie n'a pas d'autre choix que de s'appuyer sur l'Autriche-Hongrie. C'est pourquoi, elle ne revendique pas le rattachement à son territoire de la Bosnie et de l'Herzégovine, qui figure pourtant parmi les principaux objectifs de la politique nationale serbe élaborée par Ilija Garašanin. La monarchie habsbourgeoise, plus puissante, dicte ses conditions à la principauté serbe : elle conditionne son soutien à la Serbie à la conclusion d'un traité commercial entre les deux États et à la construction de voies ferrées à travers la Serbie. Cette dernière renonce pour une période indéterminée à ses prétentions territoriales en Bosnie et en Herzégovine.

Le Congrès de Berlin révise donc les décisions du traité de San Stefano. Si la Bulgarie, perçue comme une création de la Russie par les puissances occidentales, demeure une principauté autonome vassale de l'Empire ottoman, son territoire est nettement réduit. Au sud du mont Balkan, est créée une province dénommée Roumélie orientale dépendant également de l'autorité du Sultan. L'article 25 du Traité de Berlin autorise l'occupation et l'administration de la Bosnie et de l'Herzégovine par l'Autriche-Hongrie. Le sandjak de Novi Pazar demeure sous administration ottomane, mais l'Empire austro-hongrois obtient le droit d'y installer des garnisons. La Serbie, le Monténégro et la Roumanie deviennent complètement indépendants et ne dépendent plus de la souveraineté du Sultan. La Serbie obtient les districts de Niš, Pirot, Vranje et Toplica (ces territoires faisaient partie du sandjak de Niš avant

1878) : elle s'agrandit de 11 100 km² (37 300 km² initialement). Elle récupère une population de 300 000 habitants environ. Plusieurs dizaines de milliers de musulmans (entre 50 000 et 70 000) quittent ces districts au cours des années 1877/1878. Le Monténégro est agrandi de 3 900 km² (4 700 précédemment). Les revendications territoriales de la Serbie et du Monténégro sont loin d'avoir été satisfaites. Les grands perdants du Congrès de Berlin sont les Albanais, dont le mouvement national encore balbutiant n'est pas reconnu par les grandes puissances. Malgré sa défaite militaire, l'Empire ottoman demeure le plus grand État balkanique, devant la Roumanie. Après le Congrès de Berlin en 1878, il conserve la Thrace, la Macédoine, l'Épire, le Kosovo, le sandjak de Novi Pazar et le territoire de l'Albanie actuelle. Il s'agit d'autant de territoires à conquérir pour les jeunes États balkaniques. Le principal objectif du Congrès de Berlin était d'éloigner la Russie des détroits ottomans du Bosphore et des Dardanelles et de rejeter la création d'une grande Bulgarie qui aurait été en réalité un protectorat russe.

La Serbie dépendante de l'Autriche-Hongrie

Depuis 1878, la Serbie, proclamée royaume en 1882, se trouve dans la zone d'influence autrichienne et voit sa politique intérieure et extérieure soumise aux intérêts de la monarchie habsbourgeoise. La Russie ayant décidé de renforcer ses positions dans les Balkans à travers son soutien à la Bulgarie, la Serbie se tourne vers l'Autriche-Hongrie pour défendre au mieux ses revendications territoriales. En 1881, elle signe un accord commercial avec la monarchie danubienne. Ce document est accompagné d'une convention secrète dans laquelle les autorités serbes s'engagent à ne pas soutenir les populations slaves du sud de l'Empire habsbourgeois, ni à signer de traités avec d'autres gouvernements sans en aviser les autorités de Vienne. En contrepartie, les Autrichiens apportent leur soutien à la dynastie des Obrenović et à la transformation de la principauté en royaume. De fait, la Serbie devient un État subjugué à l'Autriche-Hongrie. Le Parti progressiste domine la vie politique bien que minoritaire dans la population. Malgré sa défaite aux élections de septembre 1883, le roi Milan Obrenović le maintient au pouvoir en dissolvant la nouvelle assemblée dominée largement par les députés du Parti radical dirigé par Nikola Pašić. Afin d'éviter des troubles, le gouvernement procède à la collecte des armes détenues par la population. Cette campagne rencontre une forte opposition dans l'est de la Serbie. Les radicaux y appuient le soulèvement des paysans, ce qui leur vaudra d'être sévèrement réprimés. Les dirigeants du Parti radical se réfugient en Bulgarie. En 1885, le royaume de Serbie est confronté à l'unification de la principauté bulgare à la Roumélie orientale. Milan Obrenović estime que la Serbie est en droit de revendiquer une compensation territoriale, aussi les troupes serbes envahissent la Bulgarie en novembre 1885. Mais contre toute attente, l'armée serbe est sérieusement malmenée et il faut l'intervention de l'Autriche-Hongrie pour rétablir le *statu quo* territorial entre les deux pays. Après sa défaite contre la Bulgarie en 1885, son divorce de son épouse Nathalie qui avait clairement affiché une orientation pro-russe, et la victoire des radicaux aux élections de la même année, le roi Milan abdique en février 1889 au profit de son fils Alexandre (1876-1903), âgé de treize ans. La nouvelle régence, dirigée par Jovan Ristić, accepte le prolongement de la convention secrète conclue avec l'Autriche jusqu'en 1895. En 1893, Alexandre se proclame majeur et, s'appuyant sur l'armée, rejette la Constitution de 1888 ayant institué un système parlementaire. Il rétablit la constitution de 1869 plus favorable aux prérogatives de la Cour.

Les règnes de Milan et d'Alexandre Obrenović sont un frein à la réalisation des objectifs nationaux : la libération et l'unification des Serbes dispersés dans l'espace balkanique. Le prestige de la Serbie retombe aux yeux des autres Slaves du sud, surtout après la défaite militaire contre la Bulgarie en 1885. L'implantation de l'Autriche-Hongrie en Bosnie-Herzégovine en 1878, ainsi que dans le *sandjak* de Novi Pazar coupe la voie de la Serbie vers l'ouest et le sud-ouest. Les troubles et les scandales liés à la dynastie des Obrenović ne s'estompent pas. En effet, Alexandre Obrenović a épousé une veuve, Draga Mašin, beaucoup plus âgée que lui et qui ne peut lui donner d'héritiers.

Le retournement de 1903

Face aux crises familiales des Obrenović, qui se sont succédé depuis le règne de Milan, et à la faiblesse de l'autorité royale en matière de politique nationale, un groupe de jeunes officiers, dirigé par le capitaine Dragutin Dimitrijević Apis (1876-1917), organise un coup d'État et assassine le couple royal. Les conspirateurs sont favorables à une réorientation de la politique extérieure serbe aux dépens de l'Autriche-Hongrie. Ils estiment que les Obrenović ont trahi la cause nationale[16]. Ils permettent le retour des Karađorđević à la tête du pays : Pierre Karađorđević (1844-1921) ayant passé sa vie en exil, en France et en Suisse, est couronné roi de Serbie le 8 septembre 1904.

Le revirement de 1903 favorise la relance du programme national serbe. La Serbie reprend son aide matérielle et politique aux Serbes vivant dans les Empires ottoman et habsbourgeois, en premier lieu en

[16] MacKenzie D., « Serbian Nationalist and Military Organizations and the Piedmont Idea 1844-1914 », in *East European Quarterly*, n° 3, 1982.

Macédoine et au Kosovo[17]. Mais cette réorientation implique un renforcement des forces militaires. En cherchant un appui financier en France, la Serbie marque son opposition à l'Autriche et à l'Allemagne. Les protestations autrichiennes aboutissent à la guerre douanière de 1906-1911 (dite également Guerre des cochons) : la Serbie est ainsi contrainte de construire son indépendance économique vis-à-vis de l'Empire austro-hongrois. Ce dernier, désirant s'élargir plus profondément dans les Balkans, doit circonscrire l'influence de la Serbie et empêcher toute collaboration entre les États balkaniques visant au recul de l'Empire ottoman. Confrontée aux pressions autrichiennes, la Serbie s'appuie sur la Russie, soutient le mouvement hongrois pour l'indépendance orienté contre l'Autriche, ainsi que le mouvement yougoslave constitué autour de la coalition croato-serbe en Croatie[18]. Craignant la progression de l'idée d'unification des Serbes et des peuples yougoslaves, l'Autriche procède en 1908 à l'annexion de la Bosnie-Herzégovine. En Serbie, le mécontentement est profond : en effet, les partis politiques et l'opinion publique considèrent la Bosnie-Herzégovine comme une terre serbe. Néanmoins, lorsque l'Empire ottoman accepte l'annexion de ces provinces en 1909, la résistance et l'opposition de la Serbie s'avèrent vaines. Dès cette époque, l'Autriche a envisagé un conflit armé contre la Serbie et les procès organisés en 1908 contre de prétendus comploteurs serbes doivent servir de prétexte et de justification à de telles menées. La Serbie, en reconnaissant l'annexion de la Bosnie-Herzégovine en 1909, subit une grave défaite politique, mais elle n'en modifie pas pour autant ses ambitions. L'annexion ne représente qu'une solution provisoire de la question yougoslave au sein de la monarchie habsbourgeoise.

Au début du XXe siècle, des organisations militaristes jouent un rôle important dans l'affirmation des objectifs nationaux et leur réalisation[19]. La première de ces organisations, *Narodna odbrana* (Défense nationale), est fondée en 1908 au moment de l'annexion de la Bosnie-Herzégovine. Son principal objectif est de rassembler des volontaires en cas d'éclatement d'un conflit contre l'Autriche-Hongrie. La conflagration ayant été évitée, elle travaille à la diffusion de l'idéologie nationale

---

17 Ekmečić M., *op. cit.*, p. 557.

18 Đorđević D., « Srbija i Balkan na početku XX veka 1903-1906 » (La Serbie et les Balkans au début du XXe siècle, 1903-1906), in *Jugoslovenski narodi pred prvi svetski rat* (Les peuples yougoslaves avant la Première Guerre mondiale), Beograd, 1967, pp. 212-213.

19 MacKenzie D., « Serbian Nationalist and Military Organizations and the Piedmont Idea, 1844-1914 », in *East European Quarterly*, vol. XXVI, n° 3, septembre 1982, pp. 323-344.

et à la réalisation de l'idée d'intégration du peuple serbe[20]. La seconde structure est l'organisation révolutionnaire secrète *Ujedinjenje ili smrt* (L'unification ou la mort), formée en 1911, dont le leader est le colonel Dimitrijević Apis. Elle infiltre ses membres dans la *Narodna Odbrana*. Le principal objectif de cette organisation est la libération et l'unification du peuple serbe par la voie conspiratrice.

La Serbie poursuit une politique nationale active en direction de la Macédoine et du Kosovo. Après la conclusion d'accords militaires entre les différents pays balkaniques et leur victoire sur les Turcs en 1912-13, le pays s'agrandit en obtenant une grande partie de la Macédoine, le Kosovo et la moitié du *sandjak* de Novi Pazar, doublant ainsi la taille de son territoire[21]. La libération du Kosovo, malgré toute sa signification symbolique, n'est pas le but ultime des opérations militaires. Le gouvernement serbe souhaite obtenir un débouché sur la mer. Celle-ci étant impossible à l'ouest à partir de la Bosnie-Herzégovine, l'armée serbe se lance à la conquête de territoires peuplés d'Albanais dans la direction du port de Durrës. Mais confronté à l'opposition du mouvement autonomiste albanais, soutenu par l'Autriche-Hongrie et l'Italie, le gouvernement serbe procède au retrait de ses troupes.

De 1903 à 1914, l'ensemble des forces politiques, malgré leurs différences sur le plan intérieur, partagent le même objectif de politique étrangère, à savoir la libération du peuple serbe encore sous domination étrangère et son incorporation à la Serbie. Toutefois, au cours de cette période, un mouvement en faveur de l'unité des Slaves du sud, ne se limitant donc pas exclusivement aux intérêts serbes, se développe parmi la jeunesse estudiantine et leurs professeurs (Jovan Cvijić, Jovan Skerlić)[22]. L'université de Belgrade devient alors le centre de ce courant de pensée.

---

20 Ekmečić M., *Stvaranje Jugoslavije 1790-1918*, T. 2, p. 495.

21 À propos des guerres balkaniques, voir Jelavich B., *History of the Balkans*, T. 2, pp. 95-100.

22 En Serbie, la création en 1903 de l'organisation *Slovenski jug* (le Sud slave) par des jeunes joua un rôle important dans l'affirmation et la diffusion de l'idéologie yougoslave. Elle soutenait l'idée de l'unification culturelle des Slaves du sud, tout en respectant les différences de chacun des peuples, dans un cadre plutôt fédéraliste. Au début du siècle, Belgrade accueillit de nombreuses rencontres entre jeunes et écrivains (1905) issus de tous les pays yougoslaves.

CHAPITRE II

La formation de l'idéologie nationale au XIXe siècle

Appréhender l'étude de l'idéologie nationale serbe aux XIXe et XXe siècles n'est pas une chose aisée, tant le sujet a été politisé et de fait, idéologisé, au cours des années 90. Cela ne signifie pas qu'auparavant, nous pensons ici surtout à la période communiste, il n'y a pas eu de polémiques entre historiens et une approche scientifique souvent biaisée par des *a priori* idéologiques[1]. Toutefois, les discussions étaient déconnectées d'enjeux politiques majeurs et se déroulaient en temps de paix. Les études récentes sur l'idéologie nationale serbe ont été suscitées par l'éclatement de la guerre dans l'espace yougoslave en 1991. La plupart des ouvrages publiés sur la question visent en fait à prouver que l'agression serbe en Croatie et en Bosnie-Herzégovine a des racines profondes dans l'histoire serbe et qu'elle s'inscrit dans une continuité historique faite de violences et de « nettoyages ethniques »[2]. Certains d'entre eux ont d'ailleurs été publiés à des fins de propagande[3]. L'historien sérieux devra donc se méfier ici d'interprétations du passé modelées en fonction d'intérêts politiques immédiats.

---

1 Il suffit de se reporter aux congrès des historiens de Yougoslavie des années 60 et 70 pour mesurer les divergences d'interprétation entre historiens, notamment à propos de l'étude des mouvements nationaux des Slaves du sud. L'ouvrage *Istorija Jugoslavije* de Milorad Ekmečić, Vladimir Dedijer, (...) suscita des critiques sévères de la part des historiens croates et bosniaques musulmans, ainsi que de fonctionnaires de la Ligue des communistes de Yougoslavie. À propos de cette polémique, voir Ekmečić M., « Odgovor na neke kritike Istorije Jugoslavije (XIX vek) » (Réponse à quelques critiques de l'Histoire de la Yougoslavie, XIXe siècle), in *Jugoslovenski istorijski časopis*, n° 1-2, 1974, pp. 217-281 ; texte reproduit avec des notes et des commentaires dans Ekmečić M., *Srbi na istorijskom raskršću* (Les Serbes au carrefour de l'Histoire), Beograd, SKZ, 1999, pp. 127-226.

2 Anzulovic B., *Heavenly Serbia : from Myth to Genocide*, London, Hurst & Co, 1999, 233 p.

3 *Greater Serbia from Ideology to Agression*, Zagreb, Croatian Information Centre, 1993 ; Čović B. (ed.), *Izvori velikosrpske agresije* (Les sources de l'agression grand-serbe), Zagreb, 1991 ; ce dernier ouvrage a inspiré largement le livre publié par trois français d'origine croate : Grmek M., Gjidara M., Simac N., *Le nettoyage ethnique : documents historiques sur une idéologie serbe*, Paris, Fayard, 1993, 340 p.

L'œuvre de Vuk Stefanovic Karadžić (1787-1864)

Vuk Karadžić est-il le fondateur de l'idéologie nationaliste serbe, comme l'estiment certains historiens croates et bosniaques, ou au contraire, son travail d'ethnographe et de linguiste contribua-t-il à fournir les éléments identitaires de la nation serbe, exploités ensuite par les défenseurs de la cause nationale ?[4] Selon nous, la réponse à cette question n'est possible que si l'on fait abstraction de l'histoire du XXe siècle et se replonge à l'époque où Vuk Karadžić œuvra, en définissant au mieux le contexte historique, l'avancée du processus de construction nationale chez chacun des peuples slaves du sud, ainsi que l'état des connaissances sur ces mêmes populations. Les historiens de la période yougoslave et post-yougoslave ont tendance à évaluer ou juger son rôle en fonction de données historiques propres au XXe siècle, et en particulier au conflit serbo-croate (croato-serbe). À focaliser sur ce point, on en oublie presque que l'œuvre de Vuk Karadžić marque une rupture dans la perception que les Serbes pouvaient avoir d'eux-mêmes. En effet, Vuk Karadžić présente une vision sécularisée de la nation serbe qui n'est pas fondée sur l'appartenance religieuse. Pour cette raison, il est en conflit avec l'Église orthodoxe serbe, pour qui les Serbes ne peuvent être qu'orthodoxes. Malgré cette divergence importante, ses conceptions ont été reprises par de nombreux intellectuels serbes au XIXe siècle.

Né à Tršić en Serbie occidentale dans une famille originaire d'Herzégovine, il achève son éducation à Belgrade durant la première insurrection et devient fonctionnaire de l'État serbe embryonnaire. Il quitte la Serbie pour Vienne en 1813, à la suite de l'échec du soulèvement. Il rencontre dans la capitale autrichienne le linguiste slovène Irenej Kopitar qui l'encourage dans ses travaux littéraires et linguistiques. En 1814 et 1815, Vuk Karadžić édite deux ouvrages de chants populaires qui permettent de présenter la tradition nationale de son peuple telle qu'elle existe parmi les paysans serbes illettrés[5]. Ses travaux séduisent des auteurs allemands tels que J. W. Goethe et Jacob Grimm qui s'intéressent au trésor des poésies populaires. Ces chants sont rédigés à partir de la langue serbe qu'il a codifiée dans sa grammaire de 1814. Vuk Karadžić simplifie l'alphabet cyrillique serbe en supprimant les lettres inutiles et en y introduisant des nouvelles notamment le « j » de l'alphabet latin, permettant ainsi un certain rapprochement entre les mondes

4 Parmi les historiens croates de renom estimant que Vuk Karadžić est à l'origine de l'idéologie grand-serbe, citons Jaroslav Šidak et Mirjana Gross.

5 Les éditions suivantes parurent en 1823-24 en quatre tomes, puis entre 1841 et 1862 en quatre tomes également.

orthodoxe et catholique. En 1818, il publie un dictionnaire dans lequel sa réforme de la langue littéraire est exposée. En fait, Vuk Karadžić s'inspire des écrits de Dositej Obradović (1740-1811), moine orthodoxe qui avait été séduit par les valeurs du siècle des Lumières et la révolution française. Il avait entrepris de réformer la langue littéraire serbe (slaveno-serbe) usitée essentiellement par les ecclésiastiques au profit des parlers populaires.

Les activités de Vuk Karadžić se déroulent en pleine période du romantisme qui idéalise le passé ainsi que les anciennes traditions. Un nouvel intérêt se développe pour l'histoire, surtout celle du Moyen Âge, période où furent composés les chants populaires ou autres chansons de geste. La langue occupe une place centrale dans le mouvement romantique, il n'en va pas autrement dans le cas de la renaissance culturelle des Serbes. Selon J. G. Herder, toutes les caractéristiques d'un peuple, ainsi que son esprit, sont inscrits dans la langue. Les recherches de Vuk Karadžić se déploient autant dans les domaines linguistique, historique, qu'ethnographique. Le produit de son travail permet sans conteste de renforcer la conscience nationale des Serbes.

Grâce à sa réforme qui fait de la langue populaire la base de la nouvelle langue littéraire, la littérature et la science deviennent accessibles aux gens du peuple qui en ont été longtemps écartés. Sa réforme ne s'impose pas d'elle-même, il faudra plusieurs décennies pour la voir triompher. En mars 1850, des intellectuels serbes, dont Vuk Karadžić, se mettent d'accord avec des écrivains et linguistes croates (Ivan Mažuranić, Ivan Kukuljević, etc.) sur le fait que les Serbes et les Croates doivent posséder la même langue littéraire avec une orthographe unique. Sa réforme de l'orthographe ne sera reconnue en Serbie qu'en 1868, quatre années après sa disparition. L'Église orthodoxe serbe s'est opposée farouchement tout au long du siècle à ses réformes de la langue, en particulier le métropolite de Sremski Karlovci, Stratimirović, à la tête des Serbes de l'Empire d'Autriche.

Vuk Karadžić est indéniablement un des grands hommes de l'histoire serbe, toutefois, ses conceptions nationales sont loin de faire l'unanimité parmi les historiens yougoslaves (de la période d'avant 1991)[6]. Le texte

---

6 Une polémique éclata au cours des années 70, notamment entre les historiens Mirjana Gross, qui soutenait que Vuk Karadžić était lié au nationalisme serbe sous sa forme exclusiviste, et Milorad Ekmečić qui considérait que la conception de la nation chez Vuk Karadžić était démocratique et humaniste. Voir l'ouvrage auquel Milorad Ekmečić a participé : *Istorija Jugoslavije*, Beograd, 1973, et les articles suivants : Gross M. « Ideja jugoslovenstva u XIX stoljeću i dogmatski nacionalizam » (L'idée du yougoslavisme au XIXe siècle et le nationalisme dogmatique), in *Jugoslovenski*

« Serbes tous et partout » (« *Srbi svi i svuda* »), écrit en 1836 et publié en 1849, est à l'origine des dissensions quant à sa perception de la nation. Dans ce texte, il délimite les territoires peuplés de Serbes :

> On sait avec certitude que les Serbes vivent dans la Serbie actuelle (entre la Drina et le Timok, et entre le Danube et la Stara Planina), en Metohija (du Kosovo en passant par la Stara Planina où se trouvent les villes de Prizren, métropole de Dušan, ainsi que la patriarchie serbe de Peć et le monastère de Dečani), en Bosnie, en Herzégovine, en Zeta, au Monténégro, dans le Banat, en Bačka, dans le Srem, sur la rive droite du Danube en amont d'Osijek jusqu'à Sentandrija, en Slavonie, en Croatie (aussi en Turquie et dans la Krajina autrichienne), en Dalmatie ainsi que sur tout le littoral adriatique, approximativement de Trieste à la Bojana.[7]

Vuk Karadžić développe le concept d'une nation serbe multiconfessionnelle liée par la même langue. Selon lui, en symbiose avec l'idéologie herdérienne, la langue est le seul critère valable déterminant l'appartenance nationale, indépendamment du facteur religieux. Il englobe ainsi dans la nation serbe tous les locuteurs du parler štokavien, usité à son époque en Serbie, au Monténégro, en Herzégovine, en Voïvodine, en Bosnie et dans certaines parties de la Dalmatie, y compris Dubrovnik. Il ne prend pas en considération l'appellation illyrienne apparue dans les années 1830-1840 en Croatie. Selon lui, les Croates sont les locuteurs du parler čakavien, tandis que les locuteurs du kajkavien sont considérés comme des Slovènes[8]. Il dénombre cinq millions de Serbes : trois millions de confession orthodoxe, les deux autres millions se partageant entre musulmans et catholiques. En fait, les positions de Vuk Karadžić ont été largement influencées par l'état des connaissances de l'époque sur les Slaves du sud et leurs dialectes. Les idées de Kopitar sur la répartition ethnique des Serbes, Croates et Slovènes ont influencé les écrits de Vuk Karadžić[9]. Kopitar, lui-même, s'est inspiré des recherches du linguiste tchèque J. Dobrowsky[10].

---

istorijski časopis, XIV(1975) et Ekmečić M., « Odgovor na neke kritike "Istorije Jugoslavije" XIX vijek », in *Jugoslovenski istorijski časopis*, XIII, 1974.

7 Nous reprenons ici la traduction proposée dans l'ouvrage *Le nettoyage ethnique : documents historiques sur une idéologie serbe*, Paris, Fayard, 1993, p. 42.

8 Dans les parlers serbo-croates, on distingue trois façons de dire quoi : što est la forme la plus répandue, ča est employé essentiellement sur la côte dalmate et kaj dans la région de Zagreb.

9 Ekmečić M., *Stvaranje Jugoslavije 1790-1918*, T. 1, p. 423.

10 Dobrowsky considérait tout l'espace caractérisé par le parler štokavien comme serbe. Les variantes occidentales de la langue écrites en alphabet latin étaient considérées comme des formes semi-serbes, la variante en cyrillique représentant la véritable forme serbe. Les théories de Dobrowsky et de Kopitar furent acceptées jusqu'en 1849, elles furent ensuite remises en cause. Voir Milorad Ekmečić, *op. cit.*, p. 423.

Vuk Karadžić est tenu par de nombreux historiens croates et bosniaques comme un représentant du panserbisme. Il aurait posé les « fondements pseudo-scientifiques d'un mythe nationaliste qui permit de prôner la politique de 'purification ethnique' au-delà des frontières de la Serbie historique »[11]. À vrai dire, dans sa théorie de la nation il n'est pas question de panserbisme ou de grand-serbisme politique. En effet, la problématique de l'organisation politique de la société et de l'État n'est pas soulevée par cet écrit. En fait, ses conceptions ont une dimension culturelle plutôt que politique[12]. Wolf Dietrich Behschnitt, dans son étude des idéologies nationales serbe et croate au XIXe siècle, considère les idées nationales de Vuk Karadžić comme un « grand serbisme linguistico-culturel »[13]. Elles impliquent, certes, une réduction de l'espace dans lequel se constituera la nation croate au XIXe siècle. Il est essentiel de préciser qu'elles sont formulées à un moment où les appartenances locales et régionales prédominent encore parmi les Croates et où l'identité nationale des Bosniaques musulmans est difficilement perceptible. Les territoires croates sont divisés entre l'Autriche et la Hongrie. La Dalmatie, après avoir été sous domination vénitienne jusqu'en 1797, est sous la juridiction de Vienne depuis 1814 au même titre que les provinces peuplées de Slovènes (Carniole, Carinthie, Styrie), tandis que la Croatie intérieure et la Slavonie se trouvent sous administration hongroise. La fragmentation des territoires croates est renforcée par l'existence des Confins militaires (*Vojna krajina*), créés par l'Autriche au XVIe siècle et où demeure une population serbe

---

Pavel Šafarik reprit la même conception de la nation serbe en 1826 dans son *Histoire de la littérature et de la langue slave*. Selon lui, la nation serbe se divisait en orthodoxes et catholiques auxquels il attribuait, s'inspirant de Dobrowsky, la dénomination Slavo-Serbes (*ibid.*, p. 440).

11 Grmek M., Gjidara M., Simac N., *Le nettoyage ethnique : documents historiques sur une idéologie serbe*, Paris, Fayard, 1993, p. 41. Imputer une filiation directe entre les travaux de Vuk Karadžić et le « nettoyage ethnique » relève d'un procédé intellectuel plus que douteux. La démarche des auteurs en question n'est d'ailleurs pas scientifique, mais idéologique. En utilisant le terme de « Serbie historique », les auteurs veulent signifier que Vuk Karadžić prenait en considération des territoires qui n'étaient pas serbes. Ils n'évoquent à aucun moment la large dispersion du peuple serbe dans l'espace yougoslave provoquée par l'arrivée des Ottomans et les conflits austro-turques. Il n'y aurait donc pas de Serbes hors de la « Serbie historique » (quels territoires englobe-t-elle : Kosovo, Macédoine, Rascie... ?).

12 Tadić Lj., *O velikosrpskom hegemonizmu* (À propos de l'hégémonisme grand-serbe), Beograd, Stručna knjiga, Politika, 1992. pp. 126-127.

13 Behschnitt W., *Nationalismus bei Serben und Kroaten 1830-1914 : Analyse und Typologie der nationalen Ideologie*, München, Oldenbourg, 1980, p. 71. À son propos, voir les critiques de Ekmečić M., in *Istorijski glasnik*, n° 1-2,. 1980, pp. 151-160.

originaire de l'Empire ottoman[14]. Le mouvement illyrien des années 1830-1840, s'il ne parvient pas à dépasser le cadre géographique de la Croatie, contribue néanmoins à renforcer les liens entre les différentes provinces considérées comme croates. Écrit à une époque où les identités nationales sont en construction, le texte de Vuk Karadžić ne devrait pas choquer outre mesure, si l'on reste dans le cadre de l'époque qui vit son apparition. Ce qui deviendrait problématique, ce serait la persistance d'une telle conception de la nation serbe au XXe siècle, alors que les identités nationales des Croates et des Bosniaques musulmans se sont affirmées. Imputer à Vuk Karadžić l'intention d'avoir voulu nier l'existence des Croates ou des Bosniaques musulmans fausse la perspective historique et ne tient pas compte des paramètres historiques du XIXe siècle. À vouloir noircir à tout prix le tableau, on oublie que les idées de Vuk Karadžić sont modernes pour son époque et découlent du rationalisme européen. La conception de Vuk Karadžić facilite, au début du XXe siècle, l'émergence en Serbie du courant yougoslave estimant que Serbes et Croates ne forment qu'une seule et même nation. Les conceptions nationales basées sur la langue, selon l'approche herdérienne, sont à l'origine de l'unitarisme yougoslave. Néanmoins, ses conceptions sur la nation serbe, inspirées principalement par son travail de philologue, sont démenties par l'histoire puisque la langue ne parvient pas à devenir le principal critère de définition de la nation. La religion constitue l'un des éléments essentiels de la différenciation nationale, en particulier en Bosnie-Herzégovine, indépendamment du degré de religiosité. Le nationalisme linguistique, sous la forme définie par Vuk Karadžić ou sous la forme illyrienne, offrait une perspective de tolérance. Mais le facteur linguistique ne suffira pas à unir les populations slaves du sud. Le nationalisme linguistique est malheureusement supplanté à partir de la fin du XIXe siècle, et surtout au cours du XXe siècle, par le nationalisme ethnique.

La formulation d'un programme national : le Načertanije d'Ilija Garašanin (1812-1874)

L'étude du programme national (*Načertanije* signifiant Esquisse ou Plan) du ministre de l'Intérieur serbe Ilija Garašanin, rédigé en 1844, pose le même type de problèmes méthodologiques que l'étude de

14 Tomić Y., « Le mouvement national croate au XIXe siècle : entre yougoslavisme (*jugoslovenstvo*) et croatisme (*hrvatstvo*) », *Revue des études slaves*, LXVIII/4, 1996, pp. 463-475.

l'œuvre de Vuk S. Karadžić[15]. Peut-on isoler le document en question du contexte historique et faire abstraction des circonstances qui ont conduit à sa rédaction ? Sa pensée politique se résume-t-elle à ce seul texte ? Dans quelle mesure évolua-t-elle ultérieurement ? Les critiques ou les jugements exprimés à son encontre n'ont-ils pas pour origine les événements tragiques de l'histoire du XXe siècle plutôt que des faits historiques du siècle précédent ? Quelles étaient les connaissances géographiques des dirigeants serbes au cours des années 1840 ? Avaient-ils une représentation claire de la dispersion et de la répartition des populations serbes dans les Balkans ? La prise en compte du *Načertanije* est effectivement fondamentale, car il s'agit du premier document, émanant d'un ministre, fixant la politique nationale de la Serbie et fournissant une représentation de l'État serbe de la part des tenants du pouvoir. Aujourd'hui, ce programme est considéré par certains comme le fondement idéologique du nettoyage ethnique pratiqué par les forces armées serbes à la fin du XXe siècle, alors qu'à aucun endroit il ne préconise l'expulsion des non-Serbes de l'État serbe élargi qui aurait été créé. La mention qu'en fait l'écrivain albanais, Ismaïl Kadaré, dans un quotidien français, est à cet égard symptomatique :

> Dans l'histoire serbe, hélas, les crimes commis contre d'autres peuples sont souvent proclamés comme autant d'éléments des programmes nationaux. Cette « franchise » des criminels, outre qu'elle est fort rare dans l'histoire humaine, est aussi très dangereuse. Si, en annonçant son crime futur, il n'est menacé d'aucun châtiment, le criminel reçoit, de ce fait même, carte blanche. L'histoire de la Serbie abonde en cas de ce genre. *Depuis la Natchertanie (le « Plan ») de Garasanin de 1844* jusqu'au projet de Čubrilović en 1937, du mémorandum de l'Académie de Serbie de 1986 aux déclarations sur les cuillères rouillées de Šešelj et aux mains coupées de Drašković, on voit se dérouler comme un fil rouge le crime et le massacre d'autres peuples, surtout du peuple albanais.[16]

Que le texte d'Ilija Garašanin soit considéré comme un programme expansionniste de l'État serbe est justifié[17], mais qu'il soit considéré

---

[15] Le document original n'a pas été conservé. Deux copies du texte figurent dans les collections de la Bibliothèque nationale de Serbie. À propos des copies du documents, de ses publications et traductions, voir Ljušić R., *Knjiga o Načertaniju* (Le livre sur le Načertanije), Beograd, BIGZ, 1993, pp. 11-17.

[16] Passage d'un texte d'Ismaïl Kadaré paru dans *Le Monde* du 4 mai 1999 et repris dans son ouvrage : *Il a fallu ce deuil pour se retrouver : journal de la guerre du Kosovo*, Paris, Fayard, 2000, pp. 175-186. Cette assertion repose probablement sur l'interprétation du *Načertanije* dans l'ouvrage *Le nettoyage ethnique : documents sur une idéologie serbe*, publié à Paris en 1993 par les Éditions Fayard.

[17] Banac I., *The National Question in Yugoslavia : Origins, History, Politics*, Cornell, Cornell University Press, 1984.

comme un programme préconisant la violence et le nettoyage ethnique ne l'est pas[18]. Cette nouvelle grille de lecture est récente : elle est liée aux guerres de dissolution yougoslave des années 90. Pendant la période yougoslave (1918-1992), les débats entre historiens ont plutôt porté sur la dimension serbe (ou grand-serbe après 1945) ou yougoslave du programme. S'agit-il d'un programme d'orientation yougoslave ou bien d'un programme national serbe étroit ? À aucun moment, les débats ne se focalisent sur la dimension criminelle du programme, et pour cause, elle en est absente. Cela ne signifie pas qu'il n'a pas une dimension expansionniste. Face à la confusion régnant à propos de ce document dans le monde occidental, il est important de revenir sur les circonstances de son apparition, sur son contenu (ses objectifs) pour mieux en saisir la portée[19].

L'entreprise de rédaction de ce programme national a été inspirée par des contacts entre les dirigeants de la principauté serbe et des émigrés politiques polonais ayant fuit leur pays après l'échec de la révolution de 1830. Le prince Adam Czartorisky, ministre des Affaires étrangères russe pendant la tourmente napoléonienne, a fondé à Paris un Bureau diplomatique reposant sur un réseau d'agents qui s'étend jusqu'aux Balkans, et dont l'objectif est de contrer les intérêts de la Russie et de

---

18 Les auteurs de l'ouvrage *Le nettoyage ethnique : documents sur une idéologie serbe* écrivent : « Le texte de Garašanin est une illustration exemplaire de la conception serbe du traitement de la question yougoslave, et pratiquement le premier scénario des guerres à venir » (...) Ils utilisent la notion de question yougoslave, mais quelles sont les réalités et les contours de cette question dans les années 1840 ? La question yougoslave se pose-t-elle identiquement dans la première moitié du XIXe siècle et au début du siècle suivant ? La notion de « nettoyage » est employée une seule fois par Garašanin lorsqu'il évoque l'assise de l'État serbe renaissant reposant sur l'empire serbe des XIIIe et XIVe siècles : « Cette assise et ces fondements en vue de la construction de l'empire serbe actuellement en ruine et en miettes doivent donc être nettoyés et libérés de plus en plus, revoir le jour, et ainsi, sur ce fondement historique ferme et stable, il faut entreprendre et poursuivre cette reconstruction ». Il n'est pas fait explicitement allusion à des expulsions de non-serbes dans ce passage. Dans l'introduction, Ilija Garašanin évoque l'alliance avec les « peuples environnants » comme moyen de réaliser l'avenir de la Serbie. Plus loin, il estime que les Slaves du sud de l'Empire ottoman accepteront « avec joie » « cette nouvelle naissance de l'empire serbe ».

19 Parmi les exemples récents de présentation inexacte du *Načertanije*, citons le cas de l'émission « Le dessous des cartes » diffusée sur Arte. Dans son édition du samedi 14 juillet 2001, – consacrée à l'Orthodoxie, il est affirmé que le *Načertanije* repose sur le panserbisme, le panslavisme et la solidarité orthodoxe. La dimension de solidarité orthodoxe n'apparaît pourtant pas dans le document.

l'Autriche[20]. En janvier 1843, il adresse à la Serbie ses « Conseils sur la conduite à suivre », dans lesquels il recommande à ses dirigeants d'élargir les droits et les territoires de leur principauté en menant une politique conciliante vis-à-vis de la Porte. Il préconise à la principauté serbe de rassembler autour d'elle les autres pays et les peuples slaves vivant dans les Empires ottoman et habsbourgeois, tout en lui recommandant de se méfier sérieusement de la Russie et de l'Autriche. L'agent de Czartoryski à Belgrade, le tchèque František A. Zach, rédige également en 1843 et en 1844 un « plan pour la politique slave de la Serbie » conseillant aux gouvernants serbes de mener une « politique panslave »[21]. Garašanin s'appuie largement sur ces deux documents pour la rédaction de son *Načertanije*, et en particulier sur le Plan de František Zach, mais il en écarte la conception yougoslave[22].

Le Plan ou l'Esquisse (« *Načertanije* ») est l'œuvre du ministre de l'Intérieur, Ilija Garašanin (1812-1874). Ce dernier, officiant à ce poste de 1843 à 1852, est l'un des piliers du gouvernement des Défenseurs de la constitution. Outre la police, il a en charge également l'armée, l'économie, la santé et les transports. Pendant presque trois décennies, il occupera en Serbie de hautes fonctions[23]. Après la chute du régime des Défenseurs de la constitution en 1858, le prince Mihailo Obrenović fera appel à ses services pour diriger le gouvernement et la politique étrangère (1861-1867). Homme d'ordre, il est opposé aux idées libérales et aux institutions démocratiques. En 1844, il définit un programme national dont l'objectif est la libération et l'union du peuple serbe. Il est essentiel de préciser qu'il s'agit d'un document confidentiel. Il n'est connu que d'un nombre restreint de dirigeants serbes. L'Autriche-Hongrie n'en prend connaissance que dans les années 1880 et l'opinion publique serbe qu'en 1906. Ilija Garašanin pense que la Serbie doit posséder un plan pour son avenir. Selon lui, elle est trop petite pour assurer sa survie : elle doit élargir ses frontières en englobant les Serbes vivant à l'extérieur de la principauté. Il fonde ses jugements sur le fait que l'Empire ottoman est déclinant et que lui succéderont soit l'Autriche et

---

20 Les agents polonais étaient en contact étroit avec les constitutionnalistes qu'ils appuyèrent au moment de leur installation au pouvoir dans la principauté de Serbie, en particulier par le biais de la diplomatie française. Ljušić R., *op. cit.*, p. 64.

21 František Zach est orthographié de la façon suivante en serbo-croate : Franjo Zah.

22 Le *Načertanije* est à bien des égards une copie du Plan de František Zach. Toutefois, Ilija Garašanin en supprima des passages, en particulier ceux relatifs aux relations entre la Serbie et la Croatie, à l'alliance avec les Tchèques, ainsi que ceux traitant de l'adéquation entre politique intérieure et extérieure.

23 Au cours de sa longue carrière d'homme d'État, il ne conduit pas les affaires de la Serbie entre 1853 et 1856, puis entre 1859 et 1861.

la Russie, soit des États chrétiens balkaniques. Le futur État serbe comprendra outre la principauté, la Bosnie, l'Herzégovine, le Monténégro et le nord de l'Albanie et reposera sur le passé glorieux de l'Empire serbe du XIVe siècle. Ilija Garašanin invoque le droit historique : les Serbes ne demandent rien d'autre que la continuité de l'État serbe médiéval détruit par les Ottomans aux XIVe et XVe siècles. Selon ses conceptions, l'unification des Serbes se réalisera par étapes : elle concernera en premier lieu les Serbes vivant dans l'Empire ottoman, ensuite ceux du sud de la Hongrie. Garašanin n'a pas non plus exclu la possibilité d'une union avec les autres Slaves du sud de l'Empire habsbourgeois et les Bulgares dans un État yougoslave. Néanmoins la dimension yougoslave de son programme est floue et n'en constitue pas le point saillant. La priorité est donnée à la création d'un État serbe indépendant[24]. Quels sont les moyens envisagés pour atteindre les objectifs assignés ? Si la guerre n'est pas exclue, Ilija Garašanin y fait allusion en évoquant la nécessité de se renseigner sur « l'esprit guerrier, l'armement du peuple, puis l'état d'esprit et l'importance de l'armée régulière » dans les régions convoitées, elle n'est pas explicitement définie comme un moyen de la politique d'expansion de la principauté de Serbie[25]. L'accent est mis sur le travail de propagande auprès des peuples slaves du sud des Empires ottoman et habsbourgeois. À cette fin, un réseau d'agents de renseignement est établi dans les territoires peuplés de Serbes sous juridiction ottomane et austro-hongroise[26] :

> Pour pouvoir décider ce qu'il est possible de faire et comment il y a lieu de procéder dans cette entreprise, le gouvernement doit savoir à tout moment dans quelle situation se trouvent les peuples des diverses provinces entourant la Serbie. C'est la condition principale du bon choix des moyens. Dans ce but, il faut avant tout envoyer des gens perspicaces, dépourvus de préjugés, fidèles au gouvernement, examiner la situation de ces peuples et pays, et ceux-ci devraient à leur retour rendre un rapport exact et écrit de la situation. Il faut surtout s'informer sur la Bosnie, l'Herzégovine, le Monténégro et l'Albanie du nord. En même temps, il est indispensable aussi de

---

[24] Ljušić R., « Ilija Garašanin o srpskoj državnosti » (Ilija Garašanin à propos de l'étaticité serbe), in *Ilija Garašanin (1812-1874)*, Beograd, SANU, Odeljenje istorijskih nauka, 1991, p. 153.

[25] Dans le Plan du polonais, František Zach, ayant inspiré le *Načertanije*, la guerre apparaissait explicitement comme le principal moyen du règlement de la question sud-slave. Cet aspect était développé dans la partie VII de son plan, mais Ilija Garašanin ne l'a pas reprise. Il serait intéressant de savoir pour quelles raisons cette partie a été supprimée. Apparemment aucun document d'archive ne permet de répondre à ce questionnement. Voir le texte de František Zach dans Ljušić R., *op. cit.*, pp. 130-150.

[26] MacKenzie, D., *Ilija Garašanin, Balkan Bismarck*, New York, Columbia University Press, 1985, pp. 62-91.

connaître exactement la situation de la Slavonie, de la Croatie et de la Dalmatie, et bien entendu cela englobe les peuples de Srem, du Banat et de la Batchka.[27]

Le texte ne s'inscrit pas dans une logique de confrontation avec les populations slaves environnantes. Au contraire, Ilija Garašanin insiste sur la nécessité de développer des points de rencontre avec elles. Il affirme que les peuples orthodoxe et catholique doivent s'entendre sur leur politique nationale pour réaliser les objectifs fixés par le *Načertanije.* À cette fin, il prévoit le principe de la totale liberté du rite religieux. L'objectif est donc de gagner l'amitié ou la confiance des Slaves du sud de l'Empire ottoman et de l'Autriche au moyen de la propagande, de l'édition et de la diffusion d'ouvrages publiés à Belgrade à destination des Slaves catholiques et des Bosniaques musulmans. Cette orientation est d'ailleurs étendue à la Bulgarie et aux Bulgares[28]. L'objectif est de contrer l'influence russe sur les Bulgares et de supplanter la Russie dans son rôle de protectrice des orthodoxes bulgares. Si le *Načertanije* vise effectivement à l'agrandissement territorial de la principauté de Serbie autour de ses institutions politiques et de sa dynastie princière, il n'envisage à aucun moment l'expulsion de populations qui auraient été considérées comme indésirables. S'il peut être effectivement interprété comme un programme national serbe étroit, il n'en exclut pas pour autant une coopération avec les autres Slaves du sud. En outre, il est erroné de mesurer le caractère yougoslave de tout programme national sur la base uniquement de la coopération entre Serbes et Croates. En effet, la Serbie envisage également à plusieurs reprises des projets étatiques communs avec les Bulgares.

La première traduction pratique du *Načertanije* est la mise en place d'un réseau d'agents dans l'Empire ottoman, ainsi que sur le territoire autrichien. Plusieurs dizaines d'agents, la plupart étant des marchands, sont recrutés dans les provinces ottomanes (Bosnie, Herzégovine, Kosovo)[29]. Des contacts sont établis avec le souverain du Monténégro, l'évêque Petar II Petrović-Njegoš, à qui une aide financière est accordée. Les Albanais catholiques du clan des Mirditë sont approchés et gagnés à

---

27 Nous reprenons ici la traduction parue dans l'ouvrage *Le nettoyage ethnique : documents sur une idéologie serbe*, pp. 67-68.

28 Une partie relativement longue du *Načertanije* est consacrée aux Bulgares et à la Bulgarie.

29 Chaque agent couvrait deux ou trois districts (*nahije*). Il nommait un responsable par district, et ces derniers recrutaient également leurs hommes. Les agents ne se connaissaient pas entre eux. Il fut fait appel à des agents orthodoxes et catholiques. Petrović M., *A History of Modern Serbia, 1804-1918*, Vol. I, New York, London, Harcourt Brace Jovanovich, 1976, pp. 233-234.

l'idée d'une lutte de libération commune[30]. Des relations sont également établies avec les acteurs du mouvement illyrien (Ljudevit Gaj, Bogoslav Šulek, etc.) en Croatie.

La révolution de 1848 qui affecte l'Empire autrichien voisin est l'occasion pour la principauté de Serbie de confronter ses ambitions politiques et territoriales à la réalité. Le sud de la Hongrie (région de Voïvodine), où la population serbe se soulève contre le pouvoir de Budapest, ne figure pas parmi les priorités de la Serbie, orientée avant tout vers la Bosnie, l'Herzégovine, le nord de l'Albanie. Son réseau d'agents de renseignement y est beaucoup moins développé que dans l'Empire ottoman. Néanmoins, les autorités de Belgrade apportent leur soutien aux insurgés serbes du sud de la Hongrie revendiquant la création d'un territoire autonome serbe à l'intérieur de la monarchie habsbourgeoise. Cependant, sur l'insistance de l'Empire ottoman, la Serbie adopte par la suite une position de neutralité et retire ses volontaires de Voïvodine. Les événements révolutionnaires de 1848 conduisent Ilija Garašanin à élargir ses conceptions et à envisager la création d'un empire slave du sud, reposant principalement sur les Serbes et les Croates[31]. La révolution écrasée en 1849, il revient à des considérations plus limitées et se concentre avant tout sur l'idée d'unification des Serbes. Au cours des années 1860, alors qu'il est ministre des Affaires étrangères et chef du gouvernement, sous le règne de Mihailo Obrenović (1860-1868), il maintient le cap défini dans le *Načertanije*, selon lequel le futur État serbe comprendrait la principauté de Serbie, la Bosnie, l'Herzégovine, le nord de l'Albanie et le Monténégro. Toutefois, ses positions sur le Monténégro sont moins tranchées, car il doute de la volonté de ses dirigeants de rejoindre la Serbie. Tandis que dans les années 1840, il envisageait la Serbie toujours dans une relation de vassalité à l'Empire ottoman, il n'est plus question dans les années 1860 de projeter l'État serbe élargi au sein d'un Empire dont la disparition est désormais explicitement souhaitée. De même, au travail de propagande, on substitue la lutte insurrectionnelle ou la guerre de libération nationale, ce qui se traduit dans un premier temps par l'armement de « mouvements révolutionnaires » en Bosnie, en Herzégovine et en Bulgarie.

---

30 Des liens furent établis avec le chef du clan des Mirditë, Bib Doda, dès 1846 par l'intermédiaire du croate Matija Ban et de religieux catholiques albanais. Des agents de renseignement furent recrutés parmi les Albanais catholiques, notamment Karlo Krasni(qi). Pour plus de détails sur les liens noués entre les dirigeants serbes et des dignitaires albanais catholiques, voir Imami P., *Srbi i Albanci kroz vekove* (Les Serbes et les Albanais à travers les siècles), Beograd, KVS, 2000, pp. 117-134.

31 Simeunović D., *Iz riznice otadžbinskih ideja* (Du trésor des idées patriotiques), Beograd, Vojska, Verzal press, pp. 28-29.

Sous l'impulsion du prince Mihailo Obrenović, un système d'alliance est mis au point avec la Grèce (1861), le Monténégro (1866) et la Roumanie (1868), dans le but de libérer définitivement les populations chrétiennes du joug ottoman. Les visions idéalistes du prince Mihailo Obrenović dépassent les projections d'Ilija Garašanin, car le souverain serbe espère la création d'un grand État slave du sud incluant également les Serbes et les Croates de l'Empire habsbourgeois, les Bulgares et les Macédoniens de l'Empire ottoman. Elles outrepassent également les capacités matérielles de la Serbie à mener une telle entreprise. En 1861, la formation d'une « confédération serbo-bulgaro-albanaise » est évoquée par Ilija Garašanin, mais il sait la diplomatie européenne peu encline à soutenir un tel projet. Parallèlement aux accords entre les États, la Serbie s'entend, en 1867, avec des nationalistes bulgares pour fonder une union serbo-bulgare[32]. La même année, au mois de mars, le ministre des Affaires étrangères, Ilija Garašanin, développe un « Programme de politique yougoslave » qu'il adresse à Josip Juraj Strossmayer, le chef du mouvement yougoslave en Croatie et Slavonie. L'objectif de ce programme est l'union des tribus slaves dans un État fédéral dont les deux centres seraient Belgrade et Zagreb. Cet État serait fondé sur la base de la nationalité et non de la religion, les Serbes et les Croates, selon Ilija Garašanin, appartenant à la même nationalité yougoslave[33].

En conséquence, le *Načertanije* ne saurait être isolé et limité à l'année 1844 qui voit son apparition. Il importe de prendre en considération la politique nationale ou extérieure menée par la principauté de Serbie, notamment sous l'influence d'Ilija Garašanin, entre les années 1840 et 1860. L'étude de la politique extérieure de la principauté de Serbie révèle deux tendances ou options idéologiques la traversant : l'option serbe étroite et l'option yougoslave (ou encore plus large, balkanique). Reste à déterminer quelle est l'articulation entre ces deux approches ? S'il est indéniable que la politique nationale serbe est guidée en premier lieu par les intérêts du peuple serbe, on constate que

---

32 L'accord du 26 janvier 1867, connu sous le nom de « Programme des relations politiques des Serbo-Bulgares (Bulgaro-Serbes) ou leur entente cordiale », contenait douze articles et prévoyait la formation d'un État commun sous le nom de Bulgaro-Serbie ou Serbo-Bulgarie. Le prince Mihailo Obrenović était proclamé « chef suprême des Serbo-Bulgares et commandant de leurs armées » (article 3). Le texte de cet accord est reproduit dans Devas G., *La nouvelle Serbie : origines et bases sociales et politiques, renaissance de l'État et son développement historique, dynastie nationale et revendications libératrices*, Paris, Nancy, Berger-Levrault, 1918, p. 205. Au cours d'une seconde réunion tenue à Bucarest en avril 1867, il fut décidé d'appeler cet État, *Empire yougoslave*.

33 Ljušić R., *op. cit.*, p. 112.

l'unification de la nation serbe est envisagée dans deux cadres distincts : l'un serbe, l'autre yougoslave, le second étant à géométrie variable (appui sur les Croates ou sur les Bulgares). Toutefois, dans le cadre de l'option yougoslave, le rôle moteur et déterminant est dévolu à la Serbie (et à sa dynastie), principale puissance militaire parmi les peuples chrétiens des Balkans à l'époque. Vouloir enfermer Ilija Garašanin dans l'idéologie grand-serbe est donc simpliste : en effet, son parcours révèle un cheminement beaucoup plus complexe, une oscillation entre des perspectives serbe étroite et yougoslave (ou balkanique). Par ailleurs, la politique de libération des Serbes de l'Empire ottoman n'est pas continue au XIXe siècle. En effet, entre 1867 et 1903, la Serbie renonce à ses plans d'unification des Serbes dans un même État et tombe sous l'influence de l'Autriche-Hongrie. Dès 1867, à la suite d'une rencontre avec le comte Andrassy, président du Conseil hongrois et ministre de la Défense, le prince Mihailo imprime un nouveau cours politique en relevant de ses fonctions le chef du gouvernement serbe, Ilija Garašanin, en charge également de la diplomatie du pays. Les traités passés avec les États balkaniques perdent leur force et les relations avec les Croates sont rompues. Sous le nouveau prince, Milan Obrenović, la Serbie abandonne ses idéaux nationaux.

La poésie épique serbe

La tradition orale, et plus précisément les chants épiques, ont permis aux Serbes de préserver une mémoire et une identité collectives liées à leur État médiéval. Dans l'historiographie serbe, on attribue à cette poésie une fonction nationale entre les XVe et XIXe siècles : elle aurait permis de conserver l'identité de la nation serbe. Or, le concept de Serbie et l'ethnonyme serbe ne se développent pleinement qu'au XIXe siècle, les identités régionales ayant prévalu antérieurement. La poésie épique élaborée dans les différentes régions balkaniques ne possède pas une dimension nationale avant le XIXe siècle. Des poèmes considérés comme serbes sont chantés également dans les territoires peuplés de Bulgares. Il est plus juste d'affirmer que cette poésie épique fournira un matériau d'une richesse significative pour l'élaboration de l'identité nationale serbe au XIXe siècle.

Parmi ces chants retraçant, avec de nombreuses lacunes et imprécisions, le passé des Serbes, le cycle sur le Kosovo occupe une position centrale : la chute de l'État médiéval à la suite de la bataille de Kosovo Polje (Champ des merles) en 1389 constituant dans l'imaginaire national l'événement principal de leur histoire. Le Kosovo symbolisera la fin d'une glorieuse et longue période d'indépendance de l'État serbe. Il est encore difficile de préciser où et quand cette poésie épique a été composée, ainsi que d'évaluer l'ampleur et l'étendue de son influence jusqu'au XIXe siècle[34].

Le cycle sur le Kosovo peut être divisé en plusieurs épisodes chronologiques : les événements précédant la bataille, la veille de l'affrontement contre les troupes du sultan ottoman et les répercussions des combats. Ces chants mettent au premier plan l'héroïsme et la noblesse du peuple serbe. Le prince Lazar est considéré comme un martyr, s'étant sacrifié pour la foi et son peuple. En raison de son sacrifice, Dieu doit rendre leur liberté aux Serbes, comme il le fit pour le peuple élu soumis à Babylone. Dans les écrits hagiographiques et dans la légende, le thème du royaume céleste occupe une place significative. Selon la légende, à la veille de la bataille, la Vierge demanda à Lazar de faire le choix entre les royaumes terrestre et céleste. Le prince serbe opta pour le second, jugé plus grand et éternel. Il décide donc de se sacrifier et enjoignit à ses soldats de s'immoler également afin de vivre éternellement au paradis[35]. Selon l'ethnologue Dušan Bandić, le destin du prince Lazar constitue une sorte de « métaphore » représentative du destin des Serbes[36]. Lazar aurait consenti de se sacrifier pour sauver son identité et sa foi, et préserver la particularité du peuple serbe. Il ressort de l'analyse de ces textes mythiques que les Serbes se sont perçus comme un peuple qui devait mourir pour vivre[37]. En acceptant le royaume céleste, ils font le choix de la liberté. L'héroïsme représente l'élément central de la légende du Kosovo, constituant aussi la base de son idéologie[38]. L'évocation des faits suivant la bataille du Kosovo est constituée des chants sur Kraljević Marko et les différents despotes serbes qui perpétuèrent l'État des Nemanjić (Némanides en français) disparus. Les concepts moraux qui apparaissent dans ces chants correspondent plus aux valeurs et principes de la société patriarcale serbe qu'à ceux de la société médiévale[39].

---

34 Gorup R., « Kosovo and Epic Poetry », in *Kosovo : Legacy of a Medieval Battle.*, Minneapolis, University of Minnesota, 1991, p. 109.

35 Le prince Lazar rappela à ses soldats que le salut pouvait être gagné par le martyre. En réalité, le thème central du martyre est surtout présent dans les textes hagiographiques, tandis que la légende privilégie l'héroïsme. À ce propos, voir Mihaljčić R., *The battle of Kosovo in History and in Popular Tradition*, Beograd, BIGZ, 1989, 287 p.

36 Bandić D., *Carstvo zemaljsko i carstvo nebesko : ogled o narodnoj religiji* (L'Empire terrestre et l'empire céleste), Beograd, 1990, p. 39.

37 *Ibid.*, p. 42.

38 Mihaljčić R., *op. cit.*, p. 190.

39 En outre, dans la légende, les principaux personnages de la bataille furent situés dans le cadre d'une *zadruga* de type patriarcal.

Cette poésie épique s'est élaborée oralement au fil des siècles, de générations en générations, permettant ainsi le maintien d'une mémoire idéalisée de l'État médiéval serbe. Elle est l'unique patrimoine (hormis celui constitué par l'église) acquis dans le champ intellectuel au cours de la domination ottomane. Elle est cultivée par des paysans dépourvus d'instruction et de connaissances littéraires. La tradition orale et les chants populaires favorisent la formation et le maintien de l'individualité du peuple serbe et alimentent une aversion contre les oppresseurs ottomans. Les chants sur les *uskoks* (pirates) et les *hajduks* (brigands) composés aux XVIe et XVIIe siècles mettent en avant les combats héroïques de chrétiens contre les musulmans[40]. Ces divers chants épiques ont permis d'entretenir un idéalisme proto-national. Au XIXe siècle, ils alimentent la volonté de venger la bataille de Kosovo de 1389 et de ressusciter l'Empire médiéval serbe.

Les caractéristiques de l'idéologie nationale serbe à la fin du XIXe siècle

Il est ardu de définir une idéologie nationale dans la mesure où ceux qui parlent de la nation ont des positions politiques et sociales très diverses. Néanmoins, on retrouve de nombreux points communs dans les différents discours. Un consensus finit par s'établir sur la définition de la nation, ses traits culturels, ses institutions particulières, ainsi que sur les objectifs qu'elle se fixe étant donnée sa situation particulière. L'idéologie nationale permet de préciser comment se perçoit un groupe national, de déterminer ses principales caractéristiques. La délimitation du territoire et la définition de son nom occupent une place primordiale dans ce corpus idéologique.

L'État-nation serbe se développe au cours du XIXe siècle et sa modernisation, tout comme celle de la société, est lente et progressive. L'idée nationale serbe est à l'origine essentiellement présente dans les milieux intellectuels urbains numériquement faibles. Le centre intellectuel des Serbes ne se situe pas dans la principauté de Serbie, mais en Voïvodine, dans la partie hongroise de l'Empire habsbourgeois. En 1839, sur la totalité des intellectuels vivant dans la principauté serbe, on dénombre 59,7 % de Serbes originaires du sud de la Hongrie[41]. L'historien serbe Milorad Ekmečić constate que le développement du mouvement national en termes politiques est davantage le fait du gouver-

40 Sur ces chants, voir Samardžić R., *Ideje za srpsku istoriju* (Idées pour l'histoire serbe), Beograd, BIGZ, pp. 45-64.

41 Ekmečić M., *Srbija između srednje Evrope i Evrope* (La Serbie entre l'Europe centrale et l'Europe), Beograd, Politika, 1992, p. 75.

nement dans la principauté, tandis que la « renaissance culturelle » se réalise essentiellement en Voïvodine[42]. La principale difficulté est d'obtenir l'adhésion des masses paysannes à ce corpus idéologique. L'idéologie nationale se propage par l'intermédiaire des partis politiques, des journaux, de l'armée, au cours des différents conflits militaires qui opposent la Serbie à l'Empire ottoman, ainsi que par le canal des institutions culturelles (clubs de lecture, de chants, etc.). Parmi ces dernières, la *Matica Srpska*, fondée en 1826 en Cisleithanie, joue un rôle important dans la diffusion des idéaux nationaux et de la littérature serbe en général. En raison du fort taux d'analphabétisme, la culture orale est également un vecteur important de diffusion de l'idéologie nationale. L'Église orthodoxe joue un moindre rôle dans le mouvement national par rapport à la période antérieure. La conception de la nation développée par l'Église orthodoxe serbe, à savoir celle d'une nation définie par la foi orthodoxe, entre en contradiction avec celle proposée par Vuk Karadžić et reprise par de nombreux intellectuels tout au long du XIXe siècle.

Les écoles sont également un excellent moyen de diffusion des idées nationales. Certes, le système scolaire ne touche pas l'ensemble de la population, mais les ouvrages scolaires de premier et second degré sont une source importante de données sur les représentations que les Serbes ont d'eux-mêmes, de leur passé, de leurs territoires[43]. Parmi ces ouvrages, les manuels de géographie occupent une place fondamentale dans la mesure où ils apportent une définition de la nationalité serbe, une délimitation des territoires nationaux. Les manuels de géographie de Vladimir Karić ont eu une influence importante. Par la suite, les auteurs de manuels scolaires se sont énormément inspirés de ses travaux. Selon Vladimir Karić, les frontières des territoires serbes suivent le Danube à l'est, les bassins des rivières Timok, Morava et Vardar jusqu'à la ville de Strumica au sud, puis longent le bassin de la rivière Crna jusqu'au lac de Prespa et remontent au nord jusqu'au lac d'Ohrid, avant de suivre le cours du Crni Drim jusqu'à l'Adriatique. La frontière sur le littoral remonte jusqu'à Trieste pour ensuite se prolonger à l'est, vers les frontières orientales de la Carniole, de la Styrie et la Drave, puis vers les

42 Ekmečić M., *Stvaranje Jugoslavije 1790-1918*, T. 1, p. 441.

43 Jelavich C., *South Slav Nationalism : Textbooks and Yugoslav Union before 1914*, Columbus, Ohio State University Press, 1990, 359 p. À propos du développement du système scolaire en Serbie au XIXe siècle, voir Lj. Trgovčević, « Obrazovanje kao činilac modernizacije Srbije u XIX veku : analitička skica » (L'éducation comme facteur de la modernisation de la Serbie : esquisse analytique), in *Srbija u modernizacijskim procesima XX. Veka* (La Serbie dans les processus modernisateurs du XXe siècle), Beograd, Institut za noviju istoriju Srbije, 1994, pp. 217-232.

villes de Pecs et de Mohacs. Les limites des pays serbes passent ensuite par le Banat roumain (Timisoara, Vršac, Bela Crkva) avant de rejoindre le Danube. L'étendue de la Serbie de Karić comprend l'ensemble de la future Yougoslavie hormis la Slovénie, ainsi que des portions du nord de l'Albanie et de la Grèce, du sud de la Hongrie et de l'ouest de la Roumanie. Parmi les terres serbes, il distingue celles qui sont indépendantes comme le royaume de Serbie et la principauté du Monténégro, celles sous domination austro-hongroise comme l'Istrie, les royaumes de Dalmatie, de Croatie et Slavonie, et en dernier lieu, celles subordonnées à l'Empire ottoman : Bosnie, Herzégovine, Ancienne Serbie (Kosovo) et Macédoine. Il rappelle qu'autrefois les Slaves ont porté le nom de Serbes, avant de changer de dénomination et d'adopter des noms distincts. Selon Karić, les Serbes parlent trois dialectes principaux : štokavien, čakavien et kajkavien. Le premier est identifié comme purement serbe. De ces postulats, il ressort que les Croates et les Slaves musulmans sont des Serbes. La nation serbe se divise donc en trois religions : orthodoxe, catholique et musulmane. Ces assertions reposent sur les conceptions développées par Vuk Karadžić. On retrouve cette thèse dans les manuels de grammaire et d'histoire, ainsi que dans les livres de lecture. L'ensemble des manuels scolaires se fait le champion de la cause nationale serbe, à savoir de la libération et de l'unification du peuple serbe. La nation serbe n'est pas définie sur la base de la religion, même si l'on considère que ses membres sont majoritairement orthodoxes, puisque les Croates catholiques et les Slaves musulmans de Bosnie en font partie. Le principal critère est celui de la langue (parler štokavien essentiellement).

Tout au long du processus de libération nationale et de construction de l'État serbe moderne, la principale référence est la grandeur de l'État de la dynastie des Nemanjić, plus particulièrement à son âge d'or, sous l'empereur Dušan. La place de l'unité et de la concorde est prépondérante dans les différents discours sur la nation, aussi bien dans les champs politique que littéraire. L'unité devient une fin en soi : il s'agit de ne pas répéter les erreurs des féodaux serbes qui n'ont pas su se regrouper efficacement contre les envahisseurs ottomans[44]. Dans les différents écrits littéraires de nature patriotique, il ressort que les malheurs de la nation serbe sont dus à la discorde entre ses souverains ou dirigeants, à leur avidité du pouvoir ainsi qu'aux étrangers (Ottomans, etc.). De surcroît, la liberté ne peut être obtenue que par les armes, par la voie insurrectionnelle et révolutionnaire. La liberté ne peut être conquise sans sacrifice. La construction de l'État serbe moderne s'opère

---

[44] Jovičić V., *Srpsko rodoljubivo pesništvo* (La poésie patriotique serbe), Beograd, Nolit, 1976, pp. 134-135.

autour de trois traditions essentielles : le culte de la bataille du Kosovo, le culte des insurrections de 1804-1813 et 1815 et plus tard le culte des guerres de 1912-1918.

Le principal objectif défini par l'idéologie nationale est l'unification de l'ensemble des Serbes dans un même État. Cette fin n'est pas différente de celles des autres mouvements nationaux de l'époque, notamment des mouvements allemand et italien. Au XIXe siècle, ce type de revendications ne soulève pas d'émoi, elles sont considérées comme justes, surtout par les libéraux et radicaux. John Stuart Mill écrit dans la seconde moitié du XIXe siècle :

> It is, in general, a necessary condition of free institutions that the boundaries of government should coincide in the main with those of nationality...Where the sentiment of nationality exists in any force, there is a *prima facie* case for uniting all the members of the nationality under the same government, and a government to themselves apart.[45]

L'idéologie nationale serbe s'insère dans le type de nationalisme ethnique où l'objectif du mouvement national est de regrouper l'ensemble des co-nationaux vivant en dehors des frontières de l'État national ainsi que les territoires qu'ils habitent[46]. Par conséquent, le mouvement national développe des revendications irrédentistes et une idéologie pan-nationale. Toutefois, la conception de la nation de type français n'est pas complètement absente. La définition du groupe ethnique ou national est relativement large dans la mesure où elle englobe les Croates et les Slaves musulmans. Cette conception de la nation facilitera la création de la Yougoslavie, mais pas sa stabilité[47]. Cette délimitation large de la nation serbe sera abandonnée après la Première Guerre mondiale, entre 1918 et 1941. Néanmoins au vu des événements historiques des XIXe et XXe siècles, la conception ethnique deviendra prédominante.

À la veille de la Première Guerre mondiale, la Serbie ne représente pas une communauté nationale complètement intégrée. Elle s'est agrandie en obtenant la région de Niš en 1878, en reconquérant la Vieille

---

45 Mill J.S., *Considerations on Representative Government*, London, 1872. Nous reprenons ici un extrait de la citation faite par Anthony D. Smith dans son ouvrage *Theories of Nationalism*, New York, Holmes and Meier, 1983, p. 9.

46 Suivant la typologie développée par Anthony D. Smith dans *National identity*, London, Penguin Books, 1991.

47 La conception nationale serbe cadrera parfaitement avec l'idéologie nationale unitariste développée par les Slaves du sud de l'empire austro-hongrois établissant que Croates et Serbes constituent une seule nation. Après 1918, cette idéologie n'eut plus la même force attractive et eut pour conséquence de renforcer les tendances centrifuges dans l'État yougoslave.

Serbie (*Stara Srbija* – région du Kosovo) et la Macédoine lors des guerres balkaniques de 1912-1913. La représentation des territoires ethniques serbes n'est pas claire pour l'ensemble des citoyens. L'idéologie nationale n'atteint pas l'ensemble des paysans constituant plus de 80 % de la population[48]. Toutefois, après 1900, le mouvement national et son idéologie passent d'une forme élitiste à une forme plus massive sans pour autant que la société serbe réunisse l'ensemble des conditions caractérisant une telle phase : 79 % de la population en 1900 demeurent analphabètes et l'introduction du suffrage universel est encore récente (1903)[49].

Le rôle des partis politiques

Les positions nationales des libéraux et du mouvement de la jeunesse

Les libéraux, qui apparaissent dans le champ politique à la fin des années 1850, pensent qu'il est impossible de séparer les aspirations à l'indépendance nationale des revendications concernant les libertés individuelles[50]. Ils considèrent que le régime politique existant en Serbie, organisé selon le principe monarchique et s'appuyant sur des pratiques bureaucratiques et autoritaires, ne peut mener, de par sa nature, une mission de libération du peuple serbe. Selon eux, seule une Serbie libérale et démocratique, reposant sur un système parlementaire, est à même d'attirer les Serbes et les autres Slaves du sud. Ils associent leurs influences politiques européennes occidentales à la tradition historique et populaire serbes. Les idéologues libéraux, Vladimir Jovanović (1833-1922), Milan Kujundžić, accordent une place importante à la question nationale dans leur réflexion. Selon eux, le règlement de la question d'Orient doit aboutir à la constitution progressive d'une fédération ou d'une confédération balkanique. Il appartient à la Serbie de jouer le rôle principal dans cette entreprise, à l'image du Piémont dans le processus d'unification italienne. Les liens envisagés entre les différents peuples n'ont pas la même portée : les relations entre Serbes et Croates, considérés comme une seule nationalité, sont privilégiées au détriment de

---

48 Ekmečić M., *Stvaranje Jugoslavije 1790-1918* (La création de la Yougoslavie, 1790-1918), T. 2, p. 475.

49 *Ibid.*, p. 476.

50 L'oligarchie au pouvoir depuis 1842 avait envoyé un certain nombre de jeunes étudier dans les universités d'Europe occidentale. À leur retour, ces étudiants furent les principaux propagateurs du libéralisme, ils contribuèrent notamment à évincer l'oligarchie constitutionnaliste et le prince Alexandre Karađorđević en 1858.

celles avec les Bulgares et les Slovènes[51]. Ces idéologues lient le libéralisme au nationalisme et s'ils envisagent le règlement de la « question d'Orient » dans un cadre balkanique, ils n'en mettent pas moins l'accent sur la tradition nationale serbe et le culte du passé.

Les penseurs libéraux et les nationalistes libéraux serbes de Voïvodine, menés par Svetozar Miletić (1826-1901), jouent un rôle important dans le mouvement de la jeunesse qui se constitue en 1866 en Voïvodine sous le nom de « Jeunesse serbe unifiée ». Ce mouvement a pour ambition de regrouper les jeunes de toutes les régions serbes. Son énergie se concentre sur l'éveil et l'affermissement de la conscience nationale. Ses protagonistes insistent sur la nécessité de l'union des Serbes séparés par les frontières de plusieurs ensembles étatiques. Ils développent à cette fin toute une mystique nationaliste. Ils croient en la grandeur de leur nation, en ses vertus et ils magnifient son passé. Ils critiquent sévèrement la politique extérieure du prince Mihailo Obrenović qui est fondée sur des moyens diplomatiques et pacifiques. Selon eux, la principauté de Serbie doit déclarer la guerre à l'Empire ottoman afin de libérer ses frères se trouvant sous sa domination. Baignés dans le mythe du Kosovo et conscients que la mésentente entre les Serbes a contribué à leur défaite face aux Ottomans, ils souhaitent offrir l'exemple de la concorde jugée indispensable pour chasser les Ottomans. Ce mouvement suscite un intérêt pour la question nationale serbe parmi les intellectuels et l'opinion publique à un moment où l'inertie prédomine dans ce domaine[52].

Ce mouvement se fissure lorsque Svetozar Marković (1846-1875) y avance ses idées socialistes. La Jeunesse serbe unifiée est interdite en 1871 par les autorités hongroises, ce qui entraîne la disparition du mouvement qui ne parvient pas à se reconstituer dans la principauté de Serbie même. Après l'assassinat de Mihailo en 1868, le courant libéral formé à la fin des années 1850 s'associe à d'autres éléments libéraux plus modérés et se transforme en parti gouvernemental sous la direction de Jovan Ristić (1831-1899). L'influence des libéraux dans ce mouvement nationaliste lui évite de prendre un profil autoritaire et xénophobe[53].

---

51 Popov C., *Srbija na putu oslobođenja 1868-1878.* (La Serbie sur la voie de la libération 1868-1878), Beograd, 1980, pp. 26-27.

52 Jovanović S., *Sabrana dela, Iz istorije i književnosti* (Œuvres réunies : de l'histoire et de la littérature), T. 11, Beograd, Srpska književna zadruga, 1991, p. 96.

53 *Ibid.*, T. 12, p. 550.

Les positions nationales de Svetozar Marković (1846-1875) et de la social-démocratie serbe

Svetozar Marković est le fondateur de la pensée politique socialiste en Serbie. Il est dans un premier temps membre de la Jeunesse serbe unifiée et influencé par le nationalisme romantique. Il modifie ses conceptions sociales et politiques libérales lors de ses séjours en Russie et en Suisse, de 1866 à 1870, au contact des révolutionnaires russes tels que Tchernichevsky et à la lecture des auteurs socialistes comme Louis Blanc, Lassalle, Proudhon, Bakounine ou Marx.

Selon lui, on ne saurait séparer la politique extérieure de l'ordre politique et social intérieur. Il souligne la contradiction entre le système politique autoritaire qui prévaut en Serbie et la mission de libération du peuple vivant en dehors de la principauté. Seule un État démocratique et socialiste serait à même de réaliser l'unification du peuple serbe et l'union avec les autres Slaves du sud. Svetozar Marković lie la question nationale à la question sociale et plus précisément à celle de la suppression de l'exploitation économique. Il n'aborde pas la nation comme un groupe naturellement uni, mais comme un ensemble de groupes sociaux dont les intérêts ne sont pas nécessairement identiques. Faute de bourgeoisie et de classe ouvrière développées, il met l'accent sur le conflit opposant la bureaucratie étatique à la paysannerie. Ayant pris conscience de la dispersion du peuple serbe dans l'espace yougoslave et du fait qu'il est mêlé à d'autres nationalités en Croatie, en Bosnie et en Herzégovine, Marković opte pour un mode fédéral d'unification des Serbes. Selon lui, le peuple serbe ne peut se libérer des Empires ottoman et habsbourgeois qu'en s'unissant aux autres peuples de la région (Bulgares, Croates, Roumains, etc.). Les peuples balkaniques doivent sortir unis de leur lutte de libération et se regrouper dans une fédération. Svetozar Marković considère toute lutte nationale limitée à un seul peuple vaine. Il est le premier penseur politique à s'opposer clairement à la constitution d'une Serbie unifiée et dominante dans le cadre d'une fédération yougoslave[54]. Le mouvement socialiste de Svetozar Marković ne réussit pas à s'établir solidement dans la société serbe à dominante rurale où les institutions bourgeoises et les formes de l'économie capitaliste sont peu développées.

---

[54] *Istorija srpskog naroda (*Histoire du peuple serbe), T. 5, « *Od prvog ustanka do berlinskog kongresa (1804-1878)* » (De la première insurrection au congrès de Berlin, 1804-1878), Beograd, Srpska književna zadruga, 1981, p. 327.

Le Parti radical serbe

Son fondateur est Nikola Pašić (1845-1926) qui en sera le principal dirigeant jusqu'à sa mort. Au cours de sa jeunesse, il appartient au groupe des jeunes socialistes qui s'est constitué autour de Svetozar Marković. Le mouvement radical surgit du sein de ce courant socialiste, mais il modifie progressivement son profil idéologique en représentant la paysannerie et la petite-bourgeoisie et en devenant finalement un parti de gouvernement. Nikola Pašić participe activement à la rédaction du programme politique du parti radical en 1881, qui en fait la première formation politique moderne de Serbie. Il abandonne les conceptions de politique intérieure et extérieure de Marković en se prononçant pour l'instauration du parlementarisme de type libéral. Il renonce également à accorder une autonomie locale aux communes et départements, et se rapproche des conceptions conservatrices quant au règlement de la question nationale serbe.

Le programme de 1881 prévoit la libération et l'unification des Serbes ainsi qu'un rapprochement avec le Monténégro et la Bulgarie. L'objectif déclaré du parti est d'aider culturellement les parties de la serbité (*srpstvo*), morcelées et sous domination étrangère et de travailler au développement du sentiment d'unité parmi les Serbes[55]. Malgré son combat pour le renforcement des institutions parlementaires, les radicaux demeurent opposés aux valeurs occidentales et optent pour le monde slave orthodoxe. Ils inscrivent leur combat politique dans la tradition serbe patriarcale[56]. Le Parti radical indépendant, qui fait scission en 1901 de l'organisation de Nikola Pašić, ne modifie pas ce point du programme radical. Néanmoins, il développe une orientation distincte en mettant également l'accent sur le rapprochement des Slaves du sud. Leur programme est le seul en Serbie à mentionner la « communauté yougoslave »[57] et le yougoslavisme. Nombre de ses dirigeants participent à l'organisation *Slovenski jug* (le Sud slave) fondée en 1903, qui joue un rôle important dans l'affirmation et la diffusion de l'idéologie yougoslave en Serbie. Ce n'est qu'au lendemain des guerres balkaniques de 1912-1913 que le Parti radical de Nikola Pašić envisage une unification avec les Slaves du sud de la monarchie danubienne.

---

55 Janković D., *Srbija i jugoslovensko pitanje 1914-1915. godine* (La Serbie et la question yougoslave 1914-1915), Beograd, 1973, p. 28.

56 Perović L., « Politička elita i modernizacija u prvoj deceniji nezavisnosti srpske države », in *Srbija u modernizacijskim procesima XX. veka* (La Serbie dans les processus modernisateurs du XXe siècle), Beograd, Institut za noviju istoriju Srbije, 1994, pp. 237-238.

57 Janković D., *op. cit.*, p. 29.

CHAPITRE III

L'intégration nationale des Serbes dans la Yougoslavie

Les Serbes dans la Première Guerre mondiale et la création de la Yougoslavie

Depuis 1878, l'Autriche-Hongrie entrave la réalisation des objectifs nationaux de la Serbie, dont elle souhaite limiter l'influence sur les Slaves du sud de l'Empire. Néanmoins, elle ne peut empêcher son expansion au sud. Depuis le début du siècle, l'Autriche se prépare à un affrontement militaire contre la Serbie. L'attentat de Sarajevo contre l'archiduc François-Ferdinand le 28 juin 1914 apparaît comme l'occasion propice de lui déclarer la guerre et de l'écraser. En effet, la monarchie se doit de réagir fermement contre le centre de menées anti-autrichiennes qu'est la Serbie, afin de montrer sa capacité à demeurer une grande puissance. Ayant obtenu l'appui de l'Allemagne, Vienne s'efforce de prouver l'implication du gouvernement de Belgrade dans l'attentat. Le 23 juillet 1914, l'Autriche lui adresse un ultimatum en dix points, inacceptable dans sa totalité par les dirigeants serbes[1]. L'Autriche rompt ensuite ses relations diplomatiques avec Belgrade et le 28 juillet 1914, l'empereur déclare la guerre à la Serbie.

En fait, le petit royaume ne souhaite pas affronter la Double Monarchie sur le terrain militaire : en effet, son armée est épuisée par les guerres balkaniques de 1912 et 1913. Contre toute attente, les troupes serbes résistent aux assauts autrichiens et repoussent les soldats ennemis en 1914. Néanmoins, l'entrée en guerre de la Bulgarie aux côtés de l'Autriche en 1915 provoque un affaiblissement de leur défense et leur recul vers le sud. La Macédoine étant occupée par les Bulgares, l'armée serbe ne peut rejoindre les Alliés débarqués à Salonique et est contrainte à la retraite vers l'ouest par les montagnes en direction de la côte adriatique[2]. Cette retraite prend la forme d'une nouvelle migration (soldats, ministres, civils, ecclésiastiques, etc.). À travers les montagnes du nord

---

1 Haumant E., *La formation de la Yougoslavie : XV-XX siècles*, Paris, Éd. Bossard, 1930, pp. 643-652.

2 *Ibid.* pp. 653-667.

de l'Albanie, plusieurs dizaines de milliers de personnes périssent. L'armée, le gouvernement et les députés sont ensuite transportés à Corfou. En 1916, les troupes sont envoyées à Salonique d'où elles libéreront leur royaume des occupants bulgares, autrichiens et allemands.

Alors qu'auparavant la politique et l'idéologie nationales se sont structurées principalement, mais pas uniquement, autour de l'idée de rassembler l'ensemble des Serbes dans un État unitaire, le gouvernement et le parlement se prononcent en 1914 pour la création d'un État yougoslave devant regrouper les Serbes, les Croates et les Slovènes. Le rejet par le gouvernement serbe du traité de Londres d'avril 1915 prévoyant la constitution dans des termes vagues d'une grande Serbie matérialise ce revirement. Les autorités serbes optent alors pour la défense des territoires slaves sur le littoral adriatique devant revenir à l'Italie. Afin de légitimer et de formuler clairement ce projet yougoslave, le gouvernement fait appel à d'éminents universitaires : le géographe et anthropologue Jovan Cvijić (1865-1927), l'historien Stojan Novaković (1842-1915), le linguiste Aleksandar Belić (1876-1960), etc.[3]. Le programme yougoslave est fondé sur le postulat que les Serbes et les Croates forment un même ensemble ethnique. Nikola Pašić s'est exprimé en faveur d'un puissant État des Slaves du sud dans le but de contrer les ambitions expansionnistes de l'Autriche-Hongrie et de l'Allemagne. Il conçoit cet État comme une structure unitaire et ne souhaite pas l'institutionnalisation des autonomies provinciales, surtout sur la base du fédéralisme. On retrouve cette orientation dans la déclaration de Corfou élaborée en 1917 par le gouvernement serbe et le Comité yougoslave censé représenter les Slaves du sud de l'Empire austro-hongrois.

Au moment de l'effondrement de l'Empire habsbourgeois en 1918, les Croates, les Serbes et les Slovènes envisagent une union avec la Serbie sur un pied d'égalité et sous une forme dualiste. Mais à cause des pressions impérialistes de l'Italie sur la Dalmatie et les provinces slovènes, ils précipitent l'union yougoslave sans accord préalable sur la structure du futur État. Selon le chef du gouvernement serbe, Nikola

---

[3] Ekmečić M., « Serbian War Aims », in *The Creation of Yugoslavia 1914-1918*, Santa Barbara ; Oxford, Clio Books, 1980, p. 21-23. Ces intellectuels n'adoptèrent pas des positions identiques. Deux groupes se constituèrent : l'un estima nécessaire de prendre en considération la diversité des points de vue concernant l'unité des Serbes, Croates et Slovènes (Slobodan Jovanović, Bogdan et Pavle Popović, Jovan Cvijić), l'autre suivit la ligne officielle du gouvernement (Aleksandar Belić, Stanoje Stanojević). Cette opposition entre centralistes et décentralisateurs fut opérante entre 1914 et 1918, mais aussi durant l'entre-deux guerres parmi les intellectuels serbes. Voir Milošav Janićijević, *Stvaralačka inteligencija međuratne Jugoslavije* (L'intelligentsia créatrice de la Yougoslavie de l'entre-deux-guerres), Beograd, Institut društvenih nauka, 1984, p. 121.

Pašić, le nouvel État doit permettre de regrouper tous les Serbes sous un même toit étatique et signifier la consécration du processus d'émancipation nationale amorcé au début du XIXe siècle. L'idéologie nationale serbe a donc évolué du serbisme au yougoslavisme, plus particulièrement au début du XXe siècle et surtout pendant la Première Guerre mondiale.

Le Royaume des Serbes, Croates et Slovènes : la difficile construction de l'unité yougoslave

Deux tentatives d'unification des peuples slaves du sud ont échoué au cours du XXe siècle. Le Royaume des Serbes, Croates et Slovènes, fondé en 1918, était essentiellement le produit des élites politiques et culturelles des différentes provinces le constituant ; il regroupait des nations en construction et des individus qui n'avaient pas de passé commun, qui connaissaient des systèmes de valeurs, des économies et des systèmes sociaux différents. Aujourd'hui, nombreux sont ceux à affirmer qu'il n'eût jamais fallu créer la Yougoslavie : pour les Serbes, il eût été préférable de former un État unitaire de la nation serbe, comme le laissaient entendre les accords secrets de Londres de 1915. Pour les Croates, et dans une moindre mesure les Slovènes, la création de la Yougoslavie fut imposée et la Croatie eût connu un meilleur destin en dehors de cette formation étatique. Existait-il une alternative à l'unification en 1918 ? Les élites politiques des Slaves du sud avaient-elles d'autres projets et dans quelle mesure ceux-ci étaient-ils réalisables ?

Les similitudes culturelles et linguistiques étaient-elles suffisantes pour assurer la cohésion de l'État ? L'unitarisme et le centralisme étaient-ils les meilleurs outils pour maintenir l'union des Slaves du sud (les Bulgares non compris) ? L'état de la société (rurale avec quelques îlots industrialisés, une population fortement analphabète) était-il compatible avec un ordre politique démocratique ? Les historiographies actuelles des différents pays de l'espace yougoslave ont tendance à présenter de façon univoque le cours de l'histoire de la Yougoslavie : cette dernière est analysée à travers les prismes nationaux ; les interactions et les interdépendances entre les différents peuples sont volontairement laissées au second plan. La réalité n'est-elle pas différente ?

L'unification yougoslave et la question constitutionnelle

Le Royaume des Serbes, Croates et Slovènes est créé dans la précipitation à la fin de la Première Guerre mondiale. Face aux revendications et aux pressions italiennes sur les territoires peuplés de Slovènes et de Croates, l'État des Slovènes, Croates et Serbes, formé le 29 octobre 1918 sur les ruines de l'Empire austro-hongrois, non reconnu par les puissances alliées et sans aucun moyen militaire, procède à l'union avec le royaume de Serbie le 1er décembre 1918. Les représentants slovènes et croates n'ont pas défini sérieusement avec les dirigeants serbes la forme que devra prendre l'État commun.

Certes, les accords de Corfou établis en 1917 entre le gouvernement serbe et le Comité yougoslave, représentant les Slaves du sud de l'Empire habsbourgeois, ont défini les contours de cet État : il s'agit d'une monarchie parlementaire constituée autour de la dynastie serbe des Karađorđević ; les Serbes, les Croates et les Slovènes forment une seule nation à trois noms ; les alphabets latin et cyrillique sont reconnus égaux, ainsi que les fois orthodoxe, catholique et musulmane ; une Assemblée constituante doit être élue. Mais le Comité yougoslave n'avait pas de légitimité réelle auprès des forces politiques de Zagreb et de Ljubljana.

En novembre 1918, les représentants politiques des Slaves du sud de l'Empire austro-hongrois ne discutent pas en détail au cours de leurs entretiens avec les dirigeants serbes de la forme que doit prendre le nouvel État : il leur importe d'obtenir une reconnaissance internationale, de préserver leurs territoires nationaux de l'appétit italien et de rétablir l'ordre dans les villes et les campagnes au lendemain d'une démobilisation militaire chaotique accompagnée de pillages et de jacqueries. Lors de la rencontre qui réunit à Genève du 6 au 9 novembre 1918, les représentants du Comité yougoslave, du Conseil national des Slovènes, Croates et Serbes et le chef du gouvernement serbe, Nikola Pašić, les dirigeants yougoslaves de la partie austro-hongroise acceptent d'ajourner le débat sur la question de la forme du nouvel État et de son organisation interne, qui devrait être réglée par la future Assemblée constituante[4]. Ces positions sont réitérées lorsque la délégation du Conseil national de Zagreb prend la route de Belgrade pour la signature des accords d'union entre les différentes parties[5].

---

4 Kulundžić Z., *Atentat na Stjepana Radića* (L'attentat contre Stjepan Radić), Zagreb, Stvarnost, 1967, p. 35. La déclaration de Genève du 9 novembre 1918 proclamait déjà la formation d'un État yougoslave commun. Un gouvernement commun au royaume de Serbie et de l'État des Slovènes, Croates et Serbes fut également formé. Le gouvernement serbe siégeant à Corfou s'opposa à cette action et donna sa démission, remettant en cause ainsi la formation du gouvernement yougoslave. Voir aussi, Krizman B., *Raspad Austro-Ugarske i stvaranje jugoslavenske države* (La désintégration de l'Autriche-Hongrie et la création de l'État yougoslave), Zagreb, Školska knjiga, 1977, pp. 167-177.

5 La forme de l'État yougoslave, ainsi que ses structures politiques, devaient être déterminées, selon eux, par une assemblée constituante et adoptée à une majorité des deux tiers.

La période entre l'unification et l'adoption de la première constitution du Royaume des Serbes, Croates et Slovènes révèle toute la complexité de la création de l'État commun. Il s'agit en effet d'un État composite regroupant des populations de religions diverses : sur un total de 12 017 323 habitants, les Serbes orthodoxes en représentent 38,83 %, les Croates catholiques 23,77 %, les Slovènes catholiques 8,53 %, les minorités non-slaves (Allemands, Hongrois, Albanais, Roumains, Turcs, Italiens, etc.) 16,5 %[6]. Alors que les élites politiques de Serbie, comme de Croatie, étaient favorables en 1918 à l'unitarisme yougoslave, des divergences apparaissent en l'espace de quelques mois, qui compliquent la donne politique. Le premier gouvernement yougoslave dirigé par Stojan Protić (1857-1923) est formé le 20 décembre 1918. Les assemblées des différentes parties du pays proclament leur auto-dissolution et une « Représentation nationale provisoire » (*Privremeno narodno predstavništvo*) est chargée de relayer les aspirations des différentes populations jusqu'à l'élection de l'Assemblée constituante[7]. Elle est composée essentiellement de députés élus avant 1914 aux divers parlements. La volonté populaire ne s'est pas exprimée, tout comme les électeurs ne se sont pas prononcés pour la formation du nouvel État. Ce corps représentatif est dominé par le Parti radical serbe de Nikola Pašić, dernier Premier ministre du royaume de Serbie, le Parti démocrate yougoslave fondé en 1919 (regroupant les Croates de la Coalition croato-serbe, les Serbes hors de la Serbie d'avant 1914 et les membres du Parti progressiste slovène), ainsi que les autres partis politiques de l'ancienne monarchie austro-hongroise : le Parti populaire slovène d'Anton Korošec, l'Organisation musulmane yougoslave de Mehmed Spaho, le Club national fédérant des membres du Parti démocrate progressiste, le Parti du Droit de Starčević dirigé par Ante Pavelić[8], etc. Les divergences quant à la future structure de l'État y apparaissent clairement entre les tenants du centralisme et du fédéralisme.

Les premières élections sont organisées tardivement le 28 décembre 1920. De surcroît, les nouvelles institutions ne sont établies que trois ans après la création du pays. Paradoxalement, aucun parti de dimension yougoslave n'existe, hormis le Parti démocrate. Toutefois, cette organisation ne peut prétendre réunir l'ensemble des Yougoslaves en raison de sa politique centraliste outrancière. Tous les partis politiques repré-

---

6 Selon les chiffres du recensement de 1921.

7 Horvat J., *Politička povijest Hrvatske* (Histoire politique de la Croatie), Zagreb, August Cesarec, 1989, vol. 1, p. 388.

8 À ne pas confondre avec son homonyme qui fondra l'*Ustaša* en 1929.

sentent des intérêts régionaux ou confinés à un seul groupe ethnique[9]. Le premier scrutin pour la formation de l'Assemblée constituante voit la victoire des tenants de l'unitarisme yougoslave et du centralisme : le Parti démocrate obtient 92 sièges, le Parti radical 91 sur un total de 419. Le Parti communiste se place en troisième position avec 59 députés, devant le Parti paysan croate (50 sièges), le Parti agrarien (39), le Parti populaire slovène (27) et l'Organisation musulmane yougoslave (24). Les travaux de l'Assemblée constituante sont boycottés par le Parti paysan républicain croate, dirigé par Stjepan Radić (1871-1928), hostile à la monarchie et favorable à la reconnaissance d'une entité politique croate au sein ou en dehors du royaume des Serbes, Croates et Slovènes, ainsi que par le Parti croate du Droit et le Club national. Le boycottage est provoqué par l'irrespect, de la part du régent Alexandre et du gouvernement, des principaux actes de l'unification prévoyant l'adoption de la constitution à la majorité des deux tiers. Or, le règlement intérieur de l'Assemblée constituante a établi que le texte fondamental serait adopté à la majorité simple[10]. En outre, les dirigeants de l'époque, encouragés par le régent Alexandre, refusent de discuter la forme que prendra l'État : monarchie ou république[11]. Selon eux, la question a été tranchée le 1er décembre 1918 dans l'acte de la proclamation du Royaume des Serbes, Croates et Slovènes.

Les débats sont vifs entre les centralistes et leurs détracteurs, ces derniers étant stigmatisés par le pouvoir comme « séparatistes », « réactionnaires », « éléments opposés à l'État »[12]. Les forces politiques favorables à l'unitarisme et au centralisme dominent le Parlement, mais ne disposent pas d'une majorité qualifiée (2/3), ni même simple. Elles doivent employer des méthodes peu démocratiques et corrompre certains députés pour obtenir une majorité simple : les partis musulmans du sud de la Serbie (*Džemijet* – Unité) et de Bosnie (Organisation musulmane yougoslave) sont corrompus pour les premiers et parviennent à un marchandage en faveur des grands propriétaires pour les seconds[13]. Le souci du gouvernement, dirigé par les démocrates de Svetozar Pribićević

---

9 Le Parti radical serbe ne représentait que les Serbes (Serbie, Bosnie, etc.), le Parti paysan croate n'avait l'adhésion que de Croates, etc.

10 La modification de ce réglement en janvier 1921 ne changea pas la situation et ne remit pas en cause la question de la majorité simple.

11 Le règlement intérieur de l'Assemblée prévoyait également que les députés devaient prêter serment au roi Alexandre, ce que refusèrent de faire de nombreux républicains, dont les députés du Parti paysan croate.

12 Horvat J., *op. cit.*, vol. 2, pp. 200-201.

13 Petranović B., Zečević M., *Agonija dve Jugoslavije* (L'agonie des deux Yougoslavie), Beograd (s. n.), 1991, p. 65.

(1875-1936) et les radicaux de Nikola Pašić, est avant tout d'obtenir une majorité et non d'ouvrir un débat réel sur le contenu de la constitution. Le texte fondamental est finalement adopté le 28 juin 1921 par 223 députés sur 419. Le lendemain, un attentat à la bombe, perpétré par un communiste, vise le prince-régent Alexandre sans succès. Les représentants croates n'ont pas participé à l'élaboration de cette constitution dont les termes ont été préalablement fixés par le pouvoir. Dans ces conditions, était-il possible d'assurer la consolidation et la stabilité du nouvel État ?

L'opposition à la Constitution de 1921

On aurait tort de considérer l'opposition à la constitution centraliste de 1921 comme une opposition exclusivement croate. Si les partis politiques croates forment le gros des forces souhaitant sa révision, d'autres groupements issus de diverses régions, y compris la Serbie, jouent un rôle non négligeable. Le Parti populaire slovène et l'Organisation musulmane yougoslave, représentant les musulmans de Bosnie-Herzégovine, naviguent entre les intérêts conflictuels et sont plutôt enclins aux compromis. Leurs objections ne seront jamais intransigeantes. L'ordre centraliste et unitariste est soutenu par le Parti démocrate, seule organisation ayant une volonté politique yougoslave, et le Parti radical populaire guidé prioritairement par les intérêts serbes.

Fondé en 1904 par les frères Antun et Stjepan Radić, le Parti populaire paysan croate (*Hrvatska pučka seljačka stranka*) ne connaît un essor réel que dans le cadre du Royaume yougoslave grâce à l'introduction du droit de vote universel pour les hommes en 1920. Représenté au Parlement croate avant 1918 (3 mandats), leur mouvement ne pèse pas lourd à cause du scrutin censitaire. Il ne s'est pas opposé à la guerre et à l'Autriche-Hongrie tout au long du premier conflit mondial. Stjepan Radić ne cherche pas non plus à entrer en contact avec le Comité yougoslave, dont il conteste la légitimité. En 1917-1918, s'il n'est pas hostile à l'idée d'union avec la Serbie, il ne partage pas les conceptions des autres représentants politiques de Croatie. Selon lui, l'idée d'unité nationale profite aux Serbes, soucieux d'assimiler les Croates, aussi revendique-t-il la création d'un État croate qui pourrait éventuellement, mais pas nécessairement, s'unir à la Serbie et au Monténégro dans un cadre fédéral[14]. Dans le cadre de l'État éphémère des Slovènes, Croates et Serbes (octobre-décembre 1918) et de son Comité national, Stjepan

[14] Muzić I., *Stjepan Radić u kraljevini Srba, Hrvata i Slovenaca* (Stjepan Radić dans le Royaume des Serbes, Croates et Slovènes), Zagreb, Hrvatsko književno društvo sv. Ćirila i Metoda, 1987, pp. 25-26 et Krizman B., *op. cit.*, p. 79.

Radić est le premier dirigeant à souhaiter la proclamation de la souveraineté de la Croatie. Après l'unification yougoslave le 1er décembre 1918, le Parti paysan croate ne reconnaît pas le Royaume des Serbes, Croates et Slovènes sous la dynastie des Karađorđević, car le nouvel État n'a pas été reconnu par le Parlement croate (*Sabor*), ni son gouvernement et sa représentation provisoires. Pour cette raison, sur ordre du ministre de l'Intérieur du Royaume, Svetozar Pribićević, appliquant une politique centraliste déterminée et usant de moyens répressifs contre ses détracteurs, fait emprisonner le chef du Parti paysan pendant 11 mois en 1919-1920. Néanmoins, le mouvement de Stjepan Radić participe aux élections de 1920 et devient le principal représentant des citoyens croates : il obtient 52,6 % des sièges revenus aux partis croates. En décembre 1920, il se rebaptise Parti paysan républicain croate (HRSS) afin de mieux signifier son désaccord à la monarchie serbe. Consécutivement à l'adoption de la constitution du 28 juin 1921, un Bloc croate se constitue temporairement autour du HRSS : Communauté croate et Parti croate du Droit. Lors des secondes élections parlementaires le 18 mars 1923, le Parti paysan républicain croate double ses voix par rapport à 1920 et obtient 70 mandats, inquiétant ainsi les radicaux et les démocrates au gouvernement.

Dans sa lutte pour l'instauration et la reconnaissance d'un État croate, le Parti paysan agit en direction des grandes puissances. Un Mémorandum est adressé à une conférence internationale à Genève au printemps 1922. Le Bloc des partis croates y demande une aide internationale contre le Royaume yougoslave qu'il ne reconnaît pas et qu'il accuse d'exercer une « violence sauvage » à l'égard des Croates[15]. La même année, un texte similaire est adressé à la Société des Nations, dans lequel il exige la reconnaissance de l'individualité politique et nationale croate. De surcroît, Stjepan Radić effectue en juillet 1923 un long voyage à travers les capitales européennes (Vienne, Paris, Londres et Moscou) pour y défendre la cause croate, sans réel succès. La crise se poursuivant entre le pouvoir central et les partis politiques croates, le Parti paysan radicalise sa lutte. De ce fait, le gouvernement interdit le mouvement de Stjepan Radić le 1er janvier 1925[16]. Début janvier 1925, Stjepan Radić, ainsi que les principaux dirigeants du HRSS, sont arrêtés pour avoir accepté en 1924 l'adhésion de leur organisation à un mouvement communiste (Union paysanne internationale, organisation paysanne de l'Internationale communiste). Le Parti communiste yougoslave a été interdit en juillet 1921 par les autorités du royaume. Malgré tout, le

[15] Muzić I., *op. cit.*, p. 87.

[16] Kulundžić Z., *op. cit.*, pp. 178-181.

Parti paysan augmente son influence lors des troisièmes élections parlementaires en février 1925 : 532 872 voix, mais en raison de la loi électorale défavorable, il n'obtient que 67 mandats. Sa marge de manœuvre se trouvant réduite et ses dirigeants étant emprisonnés, il risque la marginalisation politique. Le roi Alexandre ayant initié un compromis, Stjepan Radić reconnaît en mars 1925 la constitution tant honnie ainsi que la monarchie. Une nouvelle époque s'ouvre ainsi dans la vie politique du Royaume des Serbes, Croates et Slovènes. Le 18 juillet 1925, les dirigeants du HSS sont libérés. Quatre membres de leur mouvement sont nommés le même jour dans le gouvernement de Nikola Pašić. Le 17 octobre 1925, Stjepan Radić entre au gouvernement en tant que ministre de l'Éducation : il y demeurera jusqu'au 15 avril 1926, lorsqu'il sera écarté à l'initiative du roi pour avoir dénoncé la corruption dans le royaume. Néanmoins, le Parti paysan se maintiendra au gouvernement jusqu'en 1927.

Les forces politiques contestant l'ordre politique de 1921 ne sont pas exclusivement croates. Le chef du premier gouvernement yougoslave, Stojan Protić, leader du Parti radical serbe a proposé en 1920, en l'absence de Nikola Pašić dirigeant la délégation yougoslave à la Conférence de la Paix à Versailles, un projet de constitution impliquant la décentralisation de l'administration étatique et la division du royaume en neuf provinces qui auraient possédé leurs propres gouvernement et assemblée[17]. Son projet est un compromis entre le centralisme et le fédéralisme, mais son auteur est désavoué par Nikola Pašić[18]. Favorable à une entente avec les Croates et à la recherche d'un compromis, Stojan Protić rencontre en juillet et août 1921 les principaux dirigeants des organisations politiques croates. Il lance une action en faveur de la révision de la constitution, mais faute d'un soutien important en Serbie, celui qu'il rencontre en Croatie n'est que relatif, ses projets ne se matérialisent pas en une alliance politique solide.

De même, au sein du Parti démocrate, favorable au centralisme étatique, des dissensions apparaissent. Un groupe formé autour de Ljuba Davidović (1863-1940) se prononce pour un adoucissement du centra-

[17] Stanković D., *Nikola Pašić i Hrvati* (Nikola Pašić et les Croates), Beograd, BIGZ, 1995, p. 93 et pp. 114-115. Les neuf provinces auraient été la Serbie, la Vieille Serbie avec la Macédoine, le Srem et la Baččka, le Banat, la Bosnie, le Monténégro et l'Herzégovine, la Croatie et la Slavonie, la Dalmatie et la Slovénie.

[18] Pour cette raison, Stojan Protić quitta le club parlementaire du Parti radical, tout en demeurant membre du Parti et plus précisément son vice-président.

lisme et souhaite un accord avec l'opposition croate[19]. Les divergences entre les tenants du centralisme intransigeant, rassemblés autour de Svetozar Pribićević et surtout actifs dans les territoires croates de l'ancienne monarchie austro-hongroise, et les éléments pragmatiques soudés autour de Ljuba Davidović présents essentiellement en Serbie, provoquent l'éclatement du Parti démocrate en 1924. Au printemps 1924, les unitaristes centralistes fondent une nouvelle organisation : le Parti démocrate indépendant (SDS) dirigé par Svetozar Pribićević. Les unitaristes (membres du SDS et radicaux serbes) ne disposant pas de la majorité au Parlement, le roi doit faire appel en juillet 1924, après une grave crise politique, au chef du Parti démocrate, Ljuba Davidović. Ce dernier a constitué un large bloc d'opposition rassemblant le Parti populaire slovène d'Anton Korošec (1872-1940), l'Organisation musulmane yougoslave de Mehmed Spaho (1883-1939), les radicaux modérés de Stojan Protić, ainsi que le Parti républicain paysan croate. Le nouveau Premier ministre, Ljuba Davidović, tente de faire entrer des représentants du HRSS au gouvernement. Toutefois, ces derniers faisant monter les enchères déstabilisent son entreprise politique. Le roi se montre finalement hostile à ce projet et obtient la démission du gouvernement le 15 octobre 1924[20].

Face à la crise de l'État et à l'opposition croate, les radicaux de Nikola Pašić sont également contraints de chercher les termes d'un compromis avec les représentants politiques croates. Le chef radical s'adresse à la Communauté croate (*Hrvatska zajednica*) dirigée par Mate Drinković et Đure Šurmin, avec lesquels il établit un accord de coopération en novembre 1924. Selon la volonté du roi Alexandre, les radicaux sont forcés en 1925 de conclure un arrangement avec le Parti paysan de Stjepan Radić dans le but de former un gouvernement commun et de consolider le Royaume. Plus surprenante encore est l'évolution du Parti démocrate indépendant de Svetozar Pribićević, homme politique ayant dominé la vie politique du Royaume entre 1918 et 1925. Le 11 novembre 1927, il conclut une alliance avec le Parti paysan croate, retourné dans l'opposition, annonçant la formation de la Coalition paysanne démocrate. Celui qui a été le tenant le plus farouche du centralisme et de l'unitarisme se retrouve lié au défenseur de l'individualité nationale croate. Il réclame alors l'égalité de la Croatie et des autres territoires ayant appartenu à l'Autriche-Hongrie avec la Serbie.

---

19 Matković H., *Svetozar Pribićević i Samostalna demokratska stranka do šestojanuarske diktature* (Svetozar Pribićević et le Parti démocrate indépendant jusqu'à la dictature du 6 janvier), Zagreb, Institut za hrvatsku povijest, 1972, p. 55.

20 *Ibid.*, pp. 155-158. Face à l'impossibilité de constituer un nouveau gouvernement, le Roi dissout l'Assemblée et convoque de nouvelles élections.

L'assassinat de Stjepan Radić et l'instauration de la dictature du Roi Alexandre

Au bout de dix années de vie commune, les élites politiques des différents groupes nationaux ne s'entendent toujours pas sur l'organisation de l'État. Ce dernier étant affaibli par les multiples crises politiques, le roi tente d'imposer une solution fondée sur le yougoslavisme intégral. Bien que la constitution de 1921 ait établi un régime parlementaire, le pouvoir est concentré en réalité entre les mains du roi. Selon Svetozar Pribićević, le roi a provoqué 21 des 23 crises gouvernementales entre 1918 et 1929, le parlement étant responsable des deux autres. En effet, le régime est affecté par l'instabilité politique : aucune des assemblées élues (1921, 1923, 1925 et 1927) n'effectue la totalité de son mandat. Le roi a plus d'influence que le Parlement sur la formation des gouvernements. Les querelles partisanes laissent la porte ouverte aux interventions autoritaires du monarque. Ce dernier a déjà dévoilé ses velléités répressives en interdisant le Parti communiste en décembre 1921 à une époque où les mouvements de contestation sociale se développent dans cette partie de l'Europe. Cette organisation est contrainte à la clandestinité et est refoulée aux marges de la vie politique.

Alors que la tension monte entre la Coalition paysanne démocrate et les partis gouvernementaux, le député radical Puniša Račić tire sur des députés du Parti paysan croate le 20 juin 1928, tuant sur le coup Pavle Radić, Đure Basariček et blessant mortellement Stjepan Radić ainsi que légèrement Ivan Pernar et Ivan Granđa. Le 8 août 1928, Stjepan Radić décède de ses blessures. Dans l'incapacité de constituer un gouvernement stable, le roi Alexandre proclame la dictature le 6 janvier 1929 en s'appuyant sur l'Armée. Cette mesure ne surprend pas les acteurs politiques du pays, ni les observateurs étrangers, français, tchécoslovaques et anglais. La proclamation de la dictature ne suscite d'ailleurs pas d'opposition immédiate de la part des partis politiques[21]. Le roi prend le contrôle des pouvoirs exécutif et législatif, suspend la constitution de 1921, interdit les partis politiques et les associations se réclamant d'une identité particulariste et renforce la loi sur la sécurité de l'État. Le gouvernement est confié au général Petar Živković (1879-1953), jusqu'alors commandant de la garde royale. Il repose sur des membres dissidents du Parti démocrate, du Parti radical et du Parti paysan croate ; parmi les dirigeants des partis ayant dominé la vie politique de 1918 à 1929, seul le chef du Parti populaire slovène, Anton Korošec, rejoint l'équipe gouvernementale. Le roi attire quelques

[21] Stojkov T., *Opozicija u vreme šestojanuarske diktature 1929-1935*. (L'opposition à l'époque de la dictature du 6 janvier, 1929-1935), Beograd, Prosveta, 1969, p. 73.

Croates dans son gouvernement, qu'il nomme essentiellement aux affaires économiques et sociales. Ayant opté pour le renforcement de l'idéologie yougoslave intégrale, Alexandre modifie en octobre 1929 le nom de l'État : il est rebaptisé Royaume de Yougoslavie. De surcroît, il impose une nouvelle organisation administrative du pays : les unités administratives sont réduites de 33 à 9 et dénommées *banovine*. Elles ne respectent pas les frontières des provinces historiques ce qui est loin de désamorcer les revendications nationales croates.

Progressivement deux groupes oppositionnels se forment à Belgrade et à Zagreb, en dehors des groupes terroristes croates et macédoniens marginaux. En Serbie, le rejet de la dictature est exprimé par le Parti démocrate de Ljubomir Davidović et l'aile gauche du Parti agrarien ouvrier ; ces deux formations sont proches de l'Organisation musulmane yougoslave et du Parti populaire slovène (après la démission d'Anton Korošec du gouvernement Živković). En Croatie, le Parti paysan croate et le Parti démocrate indépendant sont les principaux détracteurs de l'ordre dictatorial. Ne disposant pas d'une base solide, le roi tente d'améliorer ses positions en octroyant une constitution. Le nouveau texte fondamental du 3 septembre 1931 confie au Souverain l'essentiel du pouvoir législatif. Le gouvernement n'est pas responsable devant l'Assemblée nationale mais devant le roi[22]. Le retour aux libertés démocratiques est limité et prudent : les anciens partis demeurent interdits et les libertés publiques restreintes. Tous les partis politiques fondés sur une identité nationale autre que yougoslave ne sont pas reconnus par la loi. Le 8 novembre 1931, des élections sont organisées, qui prennent la tournure d'un référendum. En effet, seul le gouvernement est en mesure de constituer une liste étant donné les contraintes fixées par la loi électorale[23]. Dans le but de soutenir le nouveau cours visant une normalisation de la vie politique, le régime crée son propre parti en décembre 1931 : la Démocratie paysanne radicale yougoslave (*Jugoslovenska radikalno-seljačka demokratija*), dont la dénomination reprend des éléments des noms des partis d'avant 1929. Cette organisation sera rebaptisée Parti national yougoslave en 1933. Les formations d'opposition (Parti démocrate, Parti radical, Parti agrarien ouvrier pour la Serbie, Parti populaire slovène, Organisation musulmane yougoslave et Coalition paysanne démocrate pour la Croatie) des différentes régions tentent en vain de s'entendre pour obtenir le rétablissement de l'ordre

---

[22] La Yougoslavie fut proclamée monarchie parlementaire héréditaire, le système représentatif devenait plus complexe avec l'établissement d'une chambre haute : le sénat, dont la moitié des membres étaient choisis par le roi, l'autre moitié étant élue dans des collèges électoraux au sein des banovines.

[23] *Ibid.*, p. 115.

démocratique. Le régime maintient sa sévérité à l'égard des mouvements particularistes et d'opposition : Dragoljub Jovanović et plusieurs de ses partisans du Parti agrarien ouvrier de Serbie sont jugés et condamnés en 1932 à des peines allant de plusieurs mois à une année d'emprisonnement. Vladimir Maček (1879-1964), chef du Parti paysan croate, est condamné à trois ans de détention en avril 1933. Alors que le pays est affaibli par la crise économique mondiale, que les États fascistes se renforcent et que les menaces extérieures se profilent nettement (Italie, Hongrie), le roi Alexandre est assassiné à Marseille le 9 octobre 1934 par des nationalistes croates du mouvement *ustaša* et des Macédoniens liés à l'Organisation révolutionnaire intérieure macédonienne (VMRO).

La Régence et le rapprochement vers les forces de l'Axe

L'héritier au trône, Pierre II de Yougoslavie (1923-1970), étant mineur, une régence est instituée : elle comprend le prince Paul Karađorđević (1883-1976), le sénateur Radenko Stanković et Ivo Perović, gouverneur de la banovine de la Save. Le régent Paul souhaite assouplir la politique menée par son cousin, conclure un compromis avec l'opposition et élargir la base politique et sociale du régime. De nouvelles élections sont ainsi organisées le 5 mai 1935. Les conditions électorales ayant été simplifiées, l'opposition (Parti démocrate, Parti agraire ouvrier, Coalition démocrate paysanne et Organisation musulmane yougoslave) se présente. La liste gouvernementale, s'appuyant sur l'appareil administratif et policier, obtient 60,64 % des voix, soit 303 mandats sur 370, et l'opposition unie autour de Vladimir Maček 37,36 %, soit 67 sièges. Toutefois, la fraude électorale organisée par le gouvernement ravive les tensions. Aussi, le Régent nomme-t-il Milan Stojadinović (1888-1961) à la tête du gouvernement en remplacement de Bogoljub Jevtić (1886-1960). Le nouveau gouvernement est formé par des forces politiques hostiles au régime du 6 janvier 1929, mais opportunistes : Parti radical, Parti populaire slovène et Organisation musulmane yougoslave. Ces trois organisations s'unissent dans la Communauté radicale yougoslave (JRZ). Le gouvernement Stojadinović opère une réorientation de la diplomatie du pays en abandonnant progressivement la Petite Entente (Yougoslavie, Tchécoslovaquie et Roumanie), ainsi que la France et l'Angleterre, pour se rapprocher des forces de l'Axe (Allemagne et Italie).

Parmi les événements qui marquent cette période, il faut signaler le Concordat entre le Royaume de Yougoslavie et le Vatican. L'obtention d'un statut particulier pour l'Église catholique suscite en 1937, lorsqu'il est question que le Parlement ratifie cet accord, un sursaut de révolte de la part de l'Église orthodoxe serbe menée par le patriarche Varnava[24]. En fait, le Concordat n'est adopté que par la Chambre basse en juillet 1937. Le gouvernement ne le soumet pas au Sénat, et de ce fait, il n'entrera jamais en application. Critiquant le rapprochement avec les pays fascistes, dénonçant l'autoritarisme du gouvernement Stojadinović, qui imite de plus en plus ses homologues italien et allemand, les partis d'opposition serbes (Parti démocrate et Parti agraire) et croates signent un accord en octobre 1938, dans lequel ils expriment leur attachement à la démocratie et leur volonté d'établir un ordre politique commun aux Serbes, Croates et Slovènes. Pensant renforcer sa position, Stojadinović organise en décembre 1938 de nouvelles élections législatives : le parti gouvernemental assure sa domination avec 54,09 % des voix et l'opposition unie récolte 44,9 % des suffrages. Les divergences au sein du second gouvernement Stojadinović à propos de la question croate, la démission d'Anton Korošec en décembre 1938 et les craintes du Régent Paul face à une certaine dérive fascisante de la part de Milan Stojadinović, aboutissent à sa chute, le 4 février 1939.

L'accord Cvetković-Maček et la fédéralisation de la Yougoslavie

Le nouveau gouvernement, confié à Dragiša Cvetković (1893-1969), homme de second plan, mais fidèle du prince Paul, a pour première tâche de conclure un accord avec le Parti paysan croate, dans le but de consolider le royaume et de résoudre la question croate, source permanente de tensions. L'élaboration d'un compromis apparaît de plus en plus urgente, alors qu'en mars 1939 la Slovaquie s'est détachée de la Bohême-Moravie, fournissant ainsi un exemple de séparatisme. De surcroît, la direction politique du Parti paysan croate est encline à chercher une solution auprès de l'Italie fasciste[25]. Les négociations, longues et difficiles, aboutissent le 26 août 1939 : l'accord établit une entité croate au sein de la Yougoslavie, disposant d'une autonomie dans certains domaines (affaires économiques, finances, santé, justice, éducation, etc.). La Défense, les Affaires étrangères, la Sécurité d'État et la politique monétaire demeurent du ressort du gouvernement central. Les anciennes institutions croates sont rétablies : un *ban* (gouverneur) nommé par le roi dirige la banovine croate, le pouvoir législatif est partagé entre le Roi et le Parlement (*Sabor)*. Cette réorganisation de l'État yougoslave ouvre une brèche dans le système unitariste. En effet, la délimitation d'un territoire croate spécifique suscite le mécontentement d'intellectuels serbes réclamant à leur tour une entité serbe au sein de la

[24] Čulinović F., *Jugoslavija između dva rata* (La Yougoslavie entre les deux guerres), T. 2, Zagreb, JAZU, 1961, pp. 112-113.

[25] *Ibid.*, pp. 136-147.

Yougoslavie sous le nom de « Pays serbes » (*Srpske zemlje*). Parallèlement les élites politiques et intellectuelles slovènes souhaitent l'établissement d'une entité slovène. Néanmoins, cette restructuration tardive du royaume yougoslave n'a pas le temps de faire ses preuves. La position extérieure de la Yougoslavie devient intenable face à l'expansion des forces de l'Axe : dès mars 1938, après le rattachement de l'Autriche au Troisième Reich, l'Allemagne hitlérienne est devenue un État voisin, l'Italie a pris possession de l'Albanie en avril 1939. Après la défaite de la France au printemps 1940, la politique de neutralité de la Yougoslavie se fissure. De fait, le gouvernement Cvetković-Maček ne résiste pas longtemps et finit par adhérer le 25 mars 1941 au Pacte tripartite. Le 27 mars 1941, un coup d'État organisé par l'Armée et soutenu essentiellement en Serbie renverse la régence afin de protester contre le ralliement à l'Axe. La fin de la Yougoslavie approche. Hitler a déjà décidé de son sort.

La fédéralisation partielle de la Yougoslavie entamée en 1939 pouvait-elle aboutir à une extinction des tensions nationales ? Ne risquait-elle pas au contraire de susciter de nouveaux conflits à propos de la délimitation territoriale de nouvelles entités souhaitées par les élites serbes et slovènes ? L'idée moderne d'unification des Slaves du sud a été élaborée par les milieux intellectuels et défendue essentiellement par les couches urbaines. Le mouvement pour l'unification n'a pas de racines profondes dans la paysannerie constituant 80 % de la population. Les élites politiques serbes, ayant dominé la vie politique du royaume entre 1918 et 1941, qui ont sous-estimé les différences politiques, culturelles et religieuses de l'espace yougoslave et se sont montrées peu soucieuses du développement économique et social du pays, n'ont pas contribué à assurer la cohésion de l'ensemble ni favorisé le développement des forces centripètes. L'idéal d'unité nationale yougoslave ne peut cacher la réalité d'un État multinational aux différences régionales significatives, possédant deux millions de minoritaires (Albanais, Hongrois, Allemands, etc.), des groupes nationaux slaves ayant conscience de leur passé étatique ou de leur identité spécifique (Monténégrins, Macédoniens et Slaves musulmans).

La position des Serbes dans la première Yougoslavie

En 1918, la Serbie, autrefois (avant 1912-1913) homogène sur le plan national, perd sa spécificité politique et se fond dans le nouvel État yougoslave. Le serbisme se trouve supplanté, entre 1918 et 1939, par l'idéologie nationale yougoslave, qui part du postulat que les Serbes, les Croates et les Slovènes sont trois tribus formant une seule nation. Les principales forces politiques représentant la population serbe sont favorables à la constitution d'un État yougoslave. Le Parti radical de Nikola Pašić et le Parti démocrate de Ljubomir Davidović et de Svetozar Pribićević sont les principaux défenseurs de l'unitarisme. Néanmoins, le yougoslavisme n'a pas de racines profondes en Serbie, il s'appuie sur une couche réduite d'intellectuels. Entre 1918 et 1939, l'idée de l'unité ethnique des Serbes, Croates et Slovènes, est soutenue par d'autres groupes ou forces sociales, notamment par la bureaucratie, l'armée et la monarchie[26].

Les Serbes s'assurent une position confortable dans le nouvel État en dominant le gouvernement, l'appareil administratif, la diplomatie et l'armée[27]. Toutefois, le peuple serbe est dispersé, polycentrique, les frontières de ses zones de peuplement ne sont pas délimitées et établies comme frontières intérieures. Les forces politiques et sociales serbes ne posent d'ailleurs pas la question de l'intégration nationale serbe entre 1918 et 1939. Leur domination politique dans le royaume des Serbes, Croates et Slovènes, n'est pas fondée sur l'idéologie nationale serbe, mais yougoslave. L'ouverture de la question nationale serbe à cette époque aurait provoqué une aggravation des rapports nationaux, surtout avec les Croates, ainsi que l'expression plus affirmative d'autres nationalismes (slovène, monténégrin). En fait, on assiste à une certaine « démobilisation nationale » des Serbes pour reprendre l'expression de Slobodan Jovanović (1869-1958), intellectuel de l'époque. L'historien Branko Petranović précise que le peuple serbe est alors « fatigué » après la série des conflits qui se sont enchaînés entre 1912 et 1918 : il est épuisé et affaibli sur le plan démographique (un tiers des Serbes environ ont péri, soit 1 200 000 personnes sur une population totale de 4 000 000).

Ce sont les conceptions unitaristes et centralistes yougoslaves qui guident les élites de l'époque dans la structuration et l'organisation de l'État. En 1922, le pays est divisé en 33 unités administratives effaçant les frontières historiques des différentes composantes du pays, y compris la Serbie. Cette idéologie ne parvient pas à s'enraciner, car les consciences nationales des différentes composantes sont trop fortes pour disparaître aussi rapidement. Face à l'opposition des Croates favorables à un ordre constitutionnel fédéral ou confédéral, le roi Alexandre proclame la dictature le 6 janvier 1929 et renforce son orientation pro-yougoslave en tentant d'instituer une nation yougoslave par des moyens coercitifs. Il interdit les partis politiques et les symboles nationaux

[26] Tošić D., *op. cit.*, p. 102.

[27] Petranović B., *Jugoslovensko iskustvo srpske nacionalne integracije* (L'expérience yougoslave de l'intégration nationale serbe), Beograd, Službeni list SRJ, 1993, p. 31.

autres que yougoslaves. Il divise le pays en neuf unités administratives ne respectant pas, une nouvelle fois, les frontières des provinces historiques. En fait, le yougoslavisme intégral du roi Alexandre affaiblit l'idée yougoslave et encourage les forces centrifuges (séparatismes croate, macédonien, etc.). Le régime s'appuie à partir de 1931 sur une organisation politique censée réaliser la synthèse de l'ensemble des forces politiques d'avant 1929 dans le cadre du yougoslavisme intégral : la Démocratie paysanne radicale yougoslave (*JRSD – Jugoslovenska radikalna seljačka demokratija*), puis Parti national yougoslave (*Jugoslovenska nacionalna stranka*) à partir de 1933. Il ne sera jamais influent et disparaîtra progressivement après la mort du roi Alexandre en 1934. En 1935, Milan Stojadinović, le nouveau chef du gouvernement, fonde la Communauté radicale yougoslave (*Jugoslovenska radikalna zajednica*), comprenant des éléments du Parti radical serbe, le Parti populaire slovène et l'Organisation musulmane yougoslave. Cette formation défend l'unitarisme national et s'oppose aux revendications croates. Sa politique se rapproche de celle des mouvements fascistes en Europe avec sa volonté d'unir le capital au travail. De 1935 à 1939, le gouvernement de Stojadinović oriente sa politique extérieure vers l'Allemagne hitlérienne et l'Italie mussolinienne.

Les autorités politiques des années 20 à la fin des années 30 légitiment leur pouvoir sur la base du yougoslavisme. À aucun moment, elles ne font référence à une idéologie grand-serbe. La contestation de cette politique en Serbie émane essentiellement d'intellectuels, souvent membres de partis politiques (Stojan Protić, Miša Trifunović, Jaša Prodanović, Ljubomir Stojanović, Milan Grol, Slobodan Jovanović, etc.). Ces derniers se prononcent, dans les années 20, pour une solution intermédiaire entre le centralisme et le fédéralisme[28]. Toutefois, la plupart des intellectuels serbes soutiennent, souvent avec ferveur, l'idée de l'unité nationale des Serbes, Croates et Slovènes.

Le règlement de la question nationale croate en 1939 dans un sens fédéral provoque le réveil de l'idéologie nationale serbe. Un accord est conclu entre l'opposition croate et le gouvernement yougoslave sur la création d'une unité territoriale croate au sein de l'État. Les forces politiques serbes et, plus particulièrement, le Club culturel serbe (Slobodan Jovanović, Dragiša Vasić, Stevan Moljević, etc.), protestent contre cette mesure, contestent les frontières et les prérogatives de la nouvelle entité croate. Cette organisation réclame la formation d'une unité administrative et politique serbe. Le Club culturel serbe, fondé en 1937, se structure et se développe essentiellement dans les régions ethniquement

[28] Janićijević M., *op. cit.*, p. 125.

mixtes[29]. Il relance le projet d'intégration nationale de l'ensemble des Serbes dans une même structure étatique[30]. Ses dirigeants exigent le détachement de certaines régions de la banovine croate peuplées de Serbes, le rattachement de la Bosnie et de l'Herzégovine à l'unité serbe[31]. Il faut par ailleurs noter qu'il n'existe malheureusement pas d'études approfondies, à notre connaissance, sur le Club culturel serbe or, celui-ci a joué un rôle important dans la formulation et la réactivation de l'idéologie nationale serbe à la fin des années 30.

Un projet d'établissement d'une unité territoriale serbe est élaboré en 1940 par le gouvernement yougoslave. Il prévoit l'unification des banovines de Vrbas, de la Drina, du Danube, de la Morava, de la Zeta et du Vardar dans une entité dénommée pays serbe (« *Srpska zemlja* ») dont le centre est Skopje, capitale actuelle de la Macédoine. Certaines villes situées dans l'unité croate doivent lui être intégrées (Brčko, Travnik, Fojnica). Cependant, la réorganisation du royaume yougoslave sur une base fédéraliste et ethnique est entravée par l'arrivée de la Seconde Guerre mondiale.

Les Serbes dans la Seconde Guerre mondiale

Si la guerre n'éclate qu'en 1941 en Yougoslavie, la position du pays est fragilisée dès 1938-1939. En mars 1938, la Yougoslavie possède un nouveau voisin redoutable, l'Allemagne qui a annexé l'Autriche. Sur son flanc sud, la situation n'est pas meilleure : en avril 1939, l'Italie mussolinienne occupe l'Albanie. Au lendemain de la défaite de la France en mai-juin 1940, les chances de la Yougoslavie de préserver son orientation neutraliste s'amenuisent. Les premières unités allemandes entrent en Roumanie en août 1940. La Roumanie, la Bulgarie et la

---

29 Petranović B., Zečević M., *op. cit.*, p. 141. Le club fut fondé à l'initiative de Nikola Stojanović, ancien homme politique de Sarajevo et membre du Comité yougoslave pendant la Première Guerre mondiale. Slobodan Jovanović en devint le président.

30 Slobodan Jovanović écrivit dans le journal littéraire *Srpski književni glasnik* du 1er janvier 1940 : « Lorsqu'on délimite une entité ethnique croate, alors il faut inévitablement délimiter une entité ethnique serbe. Il serait absurde d'affirmer que dans cet État seuls les Croates ont une conscience nationale, et qu'eux seuls ont une histoire, et que donc les Serbes n'ont ni conscience nationale, ni histoire, et qu'ils représentent une masse amorphe qui se laisse pétrir à volonté. Dès que la question croate a été ouverte, la question serbe l'a été pareillement – et les Serbes doivent défendre ce qui leur appartient en unissant leurs forces ».

31 On peut retrouver les conceptions nationales des membres du Club culturel dans leur organe *Srpski glas* publié à partir de 1939. À propos de ce journal voir : Jovičić M., *Jako srpstvo-Jaka Jugoslavija : izbor članaka iz Srpskog glasa, organa Srpkog kulturnog kluba, 1939-1940* (Serbité forte-Yougoslavie forte : choix d'articles de Srpski glas, organe du Club culturel serbe), Beograd, Naučna knjiga, 1991.

Hongrie adhèrent au Pacte tripartite. Enfin, la guerre atteint la péninsule balkanique lorsque les armées italiennes attaquent la Grèce en octobre 1940. En 1940 et 1941, les pressions de l'Allemagne nazie et de l'Italie fasciste ne cessent de croître. Les pays révisionnistes, la Bulgarie et la Hongrie, souhaitent une révision des accords de paix d'après la Première Guerre mondiale. À la situation intérieure instable, s'ajoute la dégradation de la position internationale de la Yougoslavie. Le Royaume de Yougoslavie devient une proie facile. Le prince Paul, sachant l'armée yougoslave incapable de s'opposer aux armées allemandes, et le pays sans réel soutien extérieur, est contraint de céder aux pressions allemandes : le Royaume de Yougoslavie adhère au Pacte tripartite le 25 mars 1941. La résistance à la capitulation face à l'Allemagne s'exprime dans les rangs de l'armée. Dans la nuit du 26 au 27 mars 1941, le général Dušan Simović (1882-1962) commande un complot contre le prince Paul. Les putschistes proclament la majorité de Pierre II Karađorđević (1923-1970) qui, le 28 mars, devient Roi de Yougoslavie. Si le putsch est avant tout le fait d'acteurs serbes, il a des répercussions sur l'ensemble du pays. Un gouvernement d'union nationale composé de Serbes, Croates et Slovènes, est formé autour du général Simović. Il tente de convaincre les Allemands que le putsch a pour origine la situation intérieure du pays et non l'adhésion de la Yougoslavie au Pacte tripartite. Toutefois, la guerre entre l'Allemagne et le Royaume de Yougoslavie est devenue inéluctable : pour Hitler, la situation doit être clarifiée dans le sud-est de l'Europe avant la grande offensive contre l'URSS. Le 6 avril 1941, le pays est attaqué par les armées allemandes et italiennes. Bien que déclarée ville ouverte, Belgrade est bombardée avec acharnement par l'aviation allemande. Le pays se désagrège comme un château de cartes : le 10 avril 1941, l'État croate indépendant est proclamé à Zagreb, les représentants politiques slovènes proposent au Troisième Reich la séparation de la Slovénie du Royaume de Yougoslavie. Le roi abandonne le pays pour la Grèce avec des membres du gouvernement les 14 et 15 avril. Il se repliera ensuite à Londres. La capitulation est signée à Belgrade le 17 avril. En une dizaine de jours, 375 000 soldats et officiers yougoslaves ont été faits prisonniers. La guerre d'avril 1941 marque une défaite militaire cinglante qui entraîne la disparition du pays créé en 1918.

La Yougoslavie est démembrée : l'Allemagne incorpore le nord de la Slovénie et exerce son influence militaire et politique sur la moitié nord du pays ; l'Italie annexe la Slovénie du sud, la moitié de la Dalmatie, le Monténégro ; elle intègre dans l'Albanie qu'elle contrôle le Kosovo et l'ouest de la Macédoine ; la Hongrie s'approprie des morceaux de territoires slovènes, croates et la région de la Bačka en Voïvodine ; la Bulgarie incorpore à son territoire les trois quarts de la Macédoine ainsi que des districts de la Serbie du sud-est (Pirot, Vranje). L'État croate indépendant formé le 10 avril 1941 englobe la Croatie historique et la Bosnie-Herzégovine, ainsi que le Srem oriental avec la ville de Zemun aux portes de Belgrade. La Serbie, réduite quasiment à ses frontières d'avant 1912, se retrouve sous administration militaire avant de se voir confier un gouvernement de collaboration sous le général Milan Nedić (1877-1946). La Région du Banat dépend du commandement militaire de Serbie et est sous la coupe de la population allemande locale (120 000 environ *Volksdeutsche* sur une population de 640 000 habitants).

Après la capitulation de la Yougoslavie, la Serbie est placée sous administration militaire. Le 1er mai 1941, un gouvernement de collaboration est constitué sous le nom de Conseil des commissaires. Il est dirigé par Milan Aćimović, ancien ministre de l'Intérieur dans le dernier gouvernement de Milan Stojadinović. Divisé, le Conseil des commissaires apparaît comme un instrument peu efficace aux yeux des Allemands. Aussi, le 29 août 1941, le commandant militaire de la Serbie, le général Heinrich Danckelmann, décide-t-il de confier le gouvernement à une autorité personnelle plus forte, au général Milan Nedić. Ce dernier prône le retour de la Serbie aux traditions rurales et rejette la Yougoslavie. Il souhaite œuvrer à l'intégration nationale des Serbes en s'appuyant sur l'Allemagne. La propagande de son régime de collaboration est orientée contre les communistes considérés comme des éléments étrangers et les alliés occidentaux, la « Grande-Bretagne ploutocratique » en premier lieu. Milan Nedić ne dispose pas de beaucoup de pouvoir et à partir de la fin de l'année 1943 son autorité est vidée de sa substance. Il restera malgré tout en fonction jusqu'à la fin de la domination allemande en octobre 1944.

La résistance à l'occupant nazi et au régime collaborationniste émane de deux mouvements antagonistes : celui des partisans communistes et celui des Tchetniks (*Četnici*). En Serbie, le Parti communiste de Yougoslavie (PCY) ne compte que 2 000 membres environ. Habitués au travail clandestin depuis l'interdiction du PCY en 1921, les communistes fourniront les cadres au mouvement des partisans, composé essentiellement de paysans. Le second mouvement de résistance est issu de l'Armée yougoslave et d'une partie de ses officiers. Il se structure autour de la personnalité du colonel Draža Mihailović (1893-1946) qui, commandant de la Seconde armée en Bosnie-Herzégovine pendant la guerre d'avril 1941, doit se replier en Serbie occidentale avec ses hommes dans la région de la Ravna Gora, située entre les villes de Valjevo et Čačak. Draža Mihailović est opposé à une lutte précipitée contre les Allemands : il souhaite préserver au maximum la population serbe de pertes inutiles et préfère attendre le moment le plus opportun pour lancer une insurrection contre les forces d'occupation. La stratégie des partisans communistes est nettement plus offensive. Draža Mihailović est reconnu par le gouvernement yougoslave en exil comme le chef de la résistance armée. À ce titre, il est promu ministre de la Défense en janvier 1942. Bien que présenté par la presse occidentale, anglaise et américaine, comme le chef du premier mouvement de guérilla dans l'Europe occupée, Draža Mihailović n'initie aucun combat d'envergure contre les forces d'occupation. Au contraire, ayant fait des partisans communistes ses principaux ennemis, il sera conduit à collaborer avec les Italiens et les Allemands. De surcroît, ils se livrent à des actes de terreur contre les Croates et surtout les Musulmans en particulier dans la région du Sandžak et en Bosnie orientale.

Les Tchetniks élaborent des plans pour la constitution d'une Grande Serbie. Le premier projet est celui de Stevan Moljević présenté en juin 1941 à Nikšić au Monténégro : sous le titre de « Serbie homogène », il prévoit l'expulsion des non-Serbes habitant les territoires censés faire partie de l'entité serbe ou des échanges de population. Le document, inspiré par les positions du Club culturel serbe et rédigé dans les circonstances des massacres perpétrés sur les Serbes en Croatie et en Bosnie par les *ustaše* croates, n'est pas un document officiel du mouvement tchetnik. Toutefois ce dernier en reprend de nombreux éléments dans son programme national de janvier 1944. Dès décembre 1941, le commandement du mouvement tchetnik a défini les principales orientations de sa politique nationale :

> 1. La lutte pour la liberté de notre peuple tout entier sous le sceptre de Sa Majesté le Roi Pierre II.
> 2. La création de la grande Yougoslavie et, en son sein, de la grande Serbie ethniquement pure dans les frontières de la Serbie, du Monténégro, de la Bosnie et de l'Herzégovine, du Srem, du Banat et de la Bačka. (...)
> 3. La purification du territoire de l'État de toutes les minorités nationales et des éléments anationaux. (...)[32]

Selon Moljević, cette Serbie agrandie (Serbie, Macédoine, quelques portions de la Bulgarie, Monténégro, Herzégovine, Dubrovnik, nord de l'Albanie, nord de la Dalmatie, régions de l'ancienne frontière militaire s'étendant de la Lika à la Slavonie, etc.) doit se constituer dans un État

32 Nous n'indiquons pas ici l'ensemble des points abordés, les autres découlant de ceux cités ci-dessus. Nous reprenons ici la traduction publiée dans l'ouvrage *Le nettoyage ethnique : documents historiques sur une idéologie serbe*, Paris, Fayard, 1993, p. 216.

yougoslave renouvelé où l'hégémonie des Serbes sera assurée[33]. Ultérieurement, le mouvement de Mihailović se prononcera pour une fédération yougoslave comportant trois unités : serbe, croate et slovène. Ce mouvement est défait en 1945 par les partisans communistes qui ont une toute autre politique nationale, fondée également sur le fédéralisme. Au cours des premières années de la guerre, le mouvement tchetnik ne s'est pas doté d'une organisation politique rassemblant ses partisans à travers le pays. Ce n'est qu'en janvier 1944 qu'est fondée l'Union démocratique nationale yougoslave censée l'incarner sur le plan politique, mais il est déjà trop tard, le mouvement des partisans a déjà établi les futures bases de la nouvelle Yougoslavie. Les Tchetniks n'avaient aucun projet pour les populations non-serbes de Yougoslavie. Belgrade est libérée en octobre 1944 par les forces des partisans communistes et l'Armée rouge. La victoire des communistes en Yougoslavie marque la défaite des groupes dirigeants serbes qui dominaient le pays entre 1918 et 1941. Les Serbes perdent leur dynastie royale et leur monarchie.

Le nouvel ordre politique créé en 1941 dans l'espace yougoslave l'est au détriment des Serbes. Au début de la guerre, ils seront les principales victimes, en particulier dans l'État croate indépendant fondé en avril 1941 par le mouvement *ustaša* dirigé par Ante Pavelić (1889-1959). L'État croate indépendant englobe la Bosnie-Herzégovine et s'étend jusqu'aux portes de Belgrade à l'est. Selon les estimations allemandes, cet État compte 3 300 000 Croates (soit 52,5 % de la population) contre 1 925 000 Serbes (30,6 %) et 700 000 Musulmans (11,1 %) considérés comme croates par le régime *ustaša* sur une population totale de 6 285 000 environ[34]. Afin de régler la question serbe en Croatie, les *ustaše* décident d'en exterminer un tiers, d'en expulser un second tiers en Serbie et de convertir au catholicisme les derniers. Les premiers massacres de Serbes se produisent fin avril 1941 dans la région de Bjelovar. Ils se poursuivent inexorablement en Krajina, en Herzégovine et en Bosnie occidentale. La terreur organisée se systématise et le nombre de victimes se compte par milliers, en particulier en Bosnie occidentale, région frontalière de la Croatie historique. Des camps de concentration sont créés où l'on conduit les Serbes, les Juifs et les

---

33 Petranović B., *Srbija u drugom svetskom ratu 1939-1945* (La Serbie dans la Deuxième Guerre mondiale, 1939-1945), Beograd, Vojnoizdavački i novinski centar, 1992, pp. 212-217. La traduction du texte *La Serbie homogène* a été publiée dans *Le nettoyage ethnique : documents historiques sur une idéologie serbe*, Paris, Fayard, 1993, pp. 191-197.

34 Chiffres du ministère des Affaires étrangères allemand datant de mai 1941, repris par Jelić-Butić F., *Ustaše i Nezavisna država Hrvatske, 1941-1945* (Les Oustachis et l'État croate indépendant), Zagreb, Školska knjiga, 1977, p. 106.

Tziganes arrêtés par les forces de l'ordre croates, et où plusieurs dizaines de milliers de personnes périssent. Fin juillet 1941, on dénombre près de 140 000 Serbes réfugiés en Serbie[35]. Les Allemands, soucieux de pacifier la région et d'assurer la sécurité des principaux axes de communication, demandent aux autorités de Zagreb de mettre fin à l'expulsion des Serbes de Croatie et de trouver une « solution constructive » à la question serbe. Face à cette interférence allemande, les *ustaše* développent la thèse selon laquelle les Serbes sont des « Croates de religion orthodoxe » : ils seraient des Croates que les Ottomans auraient contraints de se convertir à l'orthodoxie. En 1941-1942, période où la campagne de conversion est effective, 240 000 Serbes environ sont convertis au catholicisme romain. Étant donné l'impossibilité matérielle d'exterminer et de convertir l'ensemble des Serbes, une Église orthodoxe croate est fondée en février 1942. Ces mesures visent à affaiblir le soutien serbe au mouvement des partisans en Croatie.

Cette politique de terreur contre les Serbes explique qu'ils soient nettement majoritaires dans les rangs des partisans communistes en Croatie et en Bosnie-Herzégovine jusqu'en 1943 au moins. C'est dans ces événements que se situent les origines de la surreprésentation des Serbes dans l'appareil communiste et dans les forces de sécurité en Croatie et en Bosnie-Herzégovine après 1945. C'est pour la même raison que les Serbes ont obtenu le statut de nation constitutive de la République socialiste de Croatie après 1945. Cela explique également que les Serbes de Croatie et de Bosnie-Herzégovine étaient plus nombreux dans les rangs communistes que les Serbes de Serbie même. Cet héritage de la Seconde Guerre mondiale sera remis en cause en 1990 par la Communauté démocratique croate (HDZ), présidé par Franjo Tuđman (1922-1999), vainqueur des premières élections pluralistes en Croatie. La mémoire de la Seconde Guerre mondiale, et plus précisément la question des massacres, seront instrumentalisées par les forces nationalistes serbes au début des années 90 pour homogénéiser la population serbe, mais également démontrer que les Croates n'ont pas renoncé à leur « politique génocidaire » à l'égard des Serbes.

---

35 *Ibid.*, p. 170.

CHAPITRE IV

La question nationale dans la Yougoslavie communiste

La Yougoslavie socialiste est fondée sur deux systèmes d'identification : le premier concerne la souveraineté de la classe ouvrière, le second la souveraineté des différentes nations et républiques. Les deux termes de cette articulation sont d'ailleurs antinomiques (universalisme/particularisme). En fait, les intérêts nationaux l'emporteront sur les intérêts de classe. À la fin des années 60 et au début des années 70, des mouvements nationaux revendicatifs surgissent sur la scène politique yougoslave, notamment en Croatie et au Kosovo. Ils se manifestent alors que le système communiste yougoslave dispose d'une forte assise et qu'il n'est pas encore ébranlé par une grave crise économique et sociale. Le mouvement national serbe se développera durant la seconde moitié des années 80, dans un tout autre contexte.

Les communistes yougoslaves face à la question nationale

À sa fondation en 1919, le Parti communiste yougoslave (PCY) se prononce pour l'unification yougoslave et le concept d'unité nationale des Serbes, Croates et Slovènes. Il est également favorable au centralisme de l'État tout en reconnaissant la possibilité d'instituer des autonomies locales. De 1920 à 1924, la question nationale n'est pas réellement abordée par les communistes yougoslaves. Mais le nouvel État étant affecté par des tensions nationales et surtout par la question croate, ils se penchent plus en détail sur cette problématique. En janvier 1924, lors de la Troisième conférence du Parti, les positions sur la question nationale en Yougoslavie évoluent sensiblement. Alors qu'auparavant il est question de lutte contre tous les chauvinismes, le combat contre le chauvinisme et l'hégémonisme serbes devient l'un des principaux objectifs du Parti[1]. Ce dernier conclut que le processus d'unification yougoslave est impossible à réaliser en raison de l'exploitation par la bourgeoisie serbe des autres peuples et des minorités nationales. L'influence du Komintern sur ce changement d'appréhension de la question natio-

[1] Djilas A., *The Contested country : Yugoslav Unity and Communist Revolution 1919-1953*, Cambridge, Harvard University Press, 1991, p. 72.

nale en Yougoslavie est prédominante. C'est d'ailleurs pour cette raison que le Komintern est considéré dans le discours nationaliste, au cours des années 80, comme l'un des principaux ennemis du peuple serbe, au même titre que le Vatican. En effet, le Cinquième congrès de la Troisième Internationale communiste en juillet 1924 statue que le droit à l'autodétermination des nations de l'État yougoslave se réalisera par la voie de la séparation de la Croatie, de la Slovénie et de la Macédoine du reste du pays et de leur constitution en républiques indépendantes. La Yougoslavie devient ainsi dans la propagande communiste une création artificielle et impérialiste établie lors du traité de paix de Versailles, ce qui ne correspond pas à la réalité. Cette position a tendance à négliger la dynamique interne au sein des peuples yougoslaves qui a conduit à leur unification.

Entre 1925 et 1935, le Parti communiste yougoslave, suivant en cela les positions du Komintern, soutient les mouvements séparatistes en Yougoslavie, essentiellement les mouvements croate et macédonien (Troisième congrès tenu à Vienne en mai 1926, Quatrième congrès tenu à Dresde en octobre 1928). Entre 1929 et 1935, le PCY réitère ses points de vue exprimés lors du Quatrième congrès sans grande nouveauté. À partir de 1935, les conceptions des communistes yougoslaves évoluent sous l'influence du Komintern qui lance sa politique de Front populaire pour lutter contre le fascisme montant en Europe. Dans la seconde moitié des années 30, le PCY se prononce pour le maintien de la Yougoslavie et sa transformation en un État fédéral. C'est avec ce programme que les communistes yougoslaves abordent la Seconde Guerre mondiale.

Les fondements du nouvel État yougoslave sont établis pendant la Seconde Guerre mondiale (en 1943, par le Conseil antifasciste de libération nationale yougoslave). Les communistes qui prennent le pouvoir à la suite d'une révolution sociale et nationale, rejettent la formule unitariste qui a prédominé dans le premier État yougoslave de 1918 à 1939 en formant un État fédéral composé de six unités : Serbie, à laquelle sont rattachées deux régions autonomes, la Voïvodine au nord et le Kosovo au sud, Croatie, Slovénie, Bosnie-Herzégovine, Monténégro et Macédoine. Les communistes yougoslaves s'inspirent ouvertement de la Constitution soviétique de 1936 afin d'établir les bases fédérales de leur État. Cinq nations sont reconnues dans le nouveau cadre étatique : Serbes, Croates, Slovènes, Macédoniens, Monténégrins. Le droit à l'autodétermination de chaque peuple ainsi que le droit à la sécession sont proclamés dans la nouvelle Constitution de 1946. Les minorités nationales sont déclarées égales en droits avec les peuples de Yougoslavie. La réponse fédéraliste est censée apporter une solution durable aux conflits nationaux qui ont affecté le Royaume de Yougoslavie.

Toutefois, au sortir de la guerre, l'autonomie des républiques est limitée et la Yougoslavie s'impose comme un État centralisé jusqu'à la seconde moitié des années 60 en dépit des mesures de décentralisation liées à l'introduction de l'autogestion prises au cours des années 50. La fédéralisation, malgré son caractère formel, permet de satisfaire psychologiquement la majeure partie des nations yougoslaves[2]. Au cours des années 50, le Parti s'efforce de développer les relations entre les différents peuples, les différentes républiques et régions. Il est animé par une forme de yougoslavisme qui ne vise pas la création d'un État-nation yougoslave, mais la formation d'une « conscience socialiste yougoslave »[3]. Il est important de souligner que la question nationale ou en d'autres termes celle des relations entre les différents peuples et minorités nationales ne sont pas abordées par le Comité central de la Ligue des communistes de Yougoslavie ou les instances fédérales (assemblée...) de 1945 à la fin des années 50. Lorsque des problèmes sont posés dans cette sphère, ils sont réglés par un cercle restreint de dirigeants[4]. Les souvenirs de la guerre et des déchirements entre les différents peuples yougoslaves sont encore présents. Pour cette raison, les dirigeants ne soulèvent pas cette question qu'ils considèrent en fait réglée par l'établissement du pouvoir de la classe ouvrière. La question nationale n'est pas discutée lors des deux premiers congrès du PCY/LCY (Ve, VIe). Lors du VIIe congrès en 1958, elle n'est soulevée qu'au travers de la position des minorités nationales[5].

La rupture entre la Yougoslavie et l'URSS remet en cause la pratique politique du régime titiste et son traitement de la question nationale. En effet, le centralisme constitue un facteur restrictif du développement politique et économique de chacune des nations yougoslaves. Aussi, la Constitution de 1963 augmente les droits des républiques. Le Huitième congrès de la LCY en 1964 entérine cette nouvelle orientation en établissant le concept de l'indépendance économique de chacun des peuples de la Fédération et en attribuant un rôle politique plus grand aux

---

2 Shoup P., *Communism and the Yugoslav National Question*, New York, Columbia University Press, 1968, p. 119.

3 Burg S.L., *Conflict and Cohesion in Socialist Yugoslavia : Political Decision making since 1966*, Princeton, New Jersey, Princeton University Press, 1976, p. 26.

4 Rajović R., *Autonomija Kosova : istorijsko-pravna studija* (L'autonomie du Kosovo : étude historique et juridique), Beograd, Ekonomika, 1985, p. 279.

5 Le programme du Parti adopté au cours de ce congrès soulignait l'égalité des droits entre les nations et les minorités nationales de Yougoslavie et la possibilité pour ces dernières de développer leurs cultures et leurs particularités nationales.

Ligues communistes républicaines[6]. Le Huitième congrès est le premier rassemblement communiste à soulever la question nationale : Josip Broz Tito (1882-1980) et Edvard Kardelj (1910-1979), l'idéologue du régime, l'évoquent ouvertement. Tito dénonce le nationalisme aussi bien sous sa forme centraliste (fédération) que particulariste (républiques et provinces).

Toutefois, la décentralisation de l'économie et de l'appareil administratif n'a pas nécessairement des effets positifs. La question nationale resurgit au cours des années 60, elle devient l'un des principaux sujets de la vie politique et provoque une série de crises politiques. Des tensions entre les républiques ou les régions les plus riches (Slovénie, Croatie et Voïvodine) et les régions les plus pauvres (Macédoine, Monténégro, Bosnie-Herzégovine et Kosovo), la Serbie se trouvant dans une position intermédiaire, sont perceptibles et ont tendance à se transformer en un conflit entre la Croatie et la Serbie. La question des intérêts nationaux est posée dans la sphère économique, elle suscite à nouveau un tiraillement entre centralisme et autonomie des républiques[7]. La centralisation des ressources au niveau fédéral jusqu'en 1965 et les inégalités de développement entre les différentes entités fédérales sont les principales sources de tensions entre les composantes yougoslaves. Tout comme dans la première Yougoslavie (1918-1941), les dissensions autour de la question de la structure de l'État yougoslave affectent la vie politique et l'histoire du pays après 1945.

En 1964, lors de son Huitième congrès, la Ligue des communistes abandonne son concept de yougoslavisme au profit d'une affirmation des républiques à travers la décentralisation étatique et des réformes économiques marchandes (réforme économique de 1965). Il n'est pas

---

6 Le Huitième congrès établit que les ligues républicaines pourront désormais réunir leurs congrès avant celui du parti tout entier et qu'elles pourront définir leur propre politique à l'échelle locale en harmonie avec les positions de la LCY. Shoup P., *op. cit.*, p. 213 ; en ce qui concerne les économies nationales, Edvard Kardelj, le principal idéologue du Parti, déclara que « ... l'autonomie économique nationale... n'est pas une catégorie étatico-administrative, ne signifie pas autarcie, ni droit à l'égoïsme nationaliste, mais est une forme spécifique de l'autogestion des travailleurs. Cela signifie que dans les relations entre les peuples doit être appliqué avec quelques modifications, le même principe qui régit les rapports économiques socialistes entre les gens, à savoir que chaque peuple a le droit et la possibilité réelle de vivre et de se développer en harmonie avec les résultats de son travail... et aucune force extérieure à lui... ne peut disposer des fruits de son travail », nous reprenons ici l'extrait du discours de Kardelj cité par Dušan Bilandžić dans l'ouvrage *Nacionalno pitanje u jugoslavenskoj teoriji i praksi : doprinos Edvarda Kardelja* (La question nationale dans la théorie et la pratique yougoslaves : l'apport d'Edvard Kardelj), Banjaluka, Glas, 1980, p. 58.

7 Voir le chapitre sur l'économie et la question nationale dans l'ouvrage de P. Shoup, *op. cit.*, pp. 225-260.

aisé de déterminer les motivations de ce revirement dans la politique nationale du Parti. Il est probablement difficile d'envisager un effacement des cultures et des traditions nationales au profit d'une identité supranationale dans le contexte de la multinationalité yougoslave, mais il reste à définir où se situent les blocages sur la voie d'une plus forte intégration yougoslave[8].

En 1966, les réformistes l'emportent sur le courant conservateur, surtout présent en Serbie et qui dénonçait la décentralisation et les réformes économiques, en évinçant Alexandre Ranković (1909-1983), chef de la police politique et principal dirigeant du Parti après Tito, lors du Quatrième plénum du comité central de la LCY. Après 1966, le processus de décentralisation et de fédéralisation s'accentue tant au niveau de l'État qu'au niveau du Parti. En effet, les dirigeants du pays entreprennent de réformer la Fédération afin d'assurer le règlement de la question nationale. La réforme se déroule sur plusieurs années et aboutit à une redéfinition des rapports entre les républiques et le centre fédéral. Le Parti procède à sa transformation organisationnelle, parallèlement à la modification des structures étatiques. Lors de son Neuvième Congrès en 1969 (11-13 mars), il accepte le principe de l'autonomisation des organisations de la Ligue des communistes dans les républiques et provinces. En fait, le Parti se transforme en une union de ligues républicaines et provinciales[9]. Les ligues communistes républicaines et provinciales élisent

---

8 D'après les enquêtes d'opinion réalisées en Yougoslavie au cours des années 60, on constata un accroissement de l'acceptation des valeurs de la modernité par les habitants du pays, un progrès vers l'universalisme culturel au détriment des différents particularismes ainsi que l'existence d'une grande tolérance ethnique. Le développement des discours sur les intérêts nationaux ou des républiques ne serait donc pas lié à la population ou à la société, mais à certains segments des élites politiques et culturels qui auraient traduit en des termes nationaux les difficultés que rencontrait le pays dans son développement économique et social. Toutefois, quelle valeur peut-on accorder aux opinions des citoyens yougoslaves, qui lors de la crise nationale entre 1968 et 1971, abandonnèrent facilement leurs opinions d'ouverture au profit de comportements liés aux valeurs particularistes. Cette contradiction a très bien été soulevée par Gary K. Bertch dans son article : « The revival of nationalisms », in *Problems of Communism*, n° 6, nov.-dec. 1973, pp. 8-9. La population n'exerçait pas de pressions dans le champ de la politique nationale, ses moyens d'expression étaient de toute façon limités par le monopole du Parti, mais dès que les élites politiques transformaient les diverses frustrations en nationalisme, elles trouvaient un écho dans la société.

9 Cette autonomisation des ligues républicaines et provinciales fut justifiée par le fait que la classe ouvrière ne pouvait s'affirmer en tant que « force dominante du développement socialiste » que si elle était la force dominante de sa propre nation ou de sa république. Les membres de la direction de la LCY furent élus par les congrès des ligues républicaines et provinciales qui se réunirent avant le congrès de la LCY. Les organes dirigeants de cette dernière furent composés pour la première fois sur la base

désormais les membres de leurs organisations devant siéger au sein des instances centrales et le congrès de la LCY ne fait qu'entériner ces choix. La Présidence du Parti veille à l'unité de l'organisation et l'une de ses principales fonctions est d'harmoniser les positions des différentes ligues républicaines et provinciales[10]. La fédéralisation du Parti est confirmée lors des congrès suivants (1970, 1978, 1982). Les structures des autres organisations sociopolitiques (Alliance socialiste, Union des syndicats, Union des combattants, Union de la Jeunesse, etc.) sont modifiées selon la même conception.

Les amendements à la Constitution yougoslave de 1967, 1968 et 1971 et la nouvelle Constitution du pays en 1974 réduisent les prérogatives du centre fédéral au profit des républiques et des provinces autonomes. Avec ce nouveau cadre normatif, la Yougoslavie socialiste se confédéralise. La nature des accords de 1943 qui définissent les structures du second État yougoslave est modifiée : le pays se transforme d'un État fédéral (*savezna država*) en une union d'États (*savez država*)[11] :

> Selon la constitution de 1974, la Yougoslavie se constitue en une fédération complexe et décentralisée. Ce type de structure fédérale fut motivé par la nature multinationale de notre société et son orientation vers l'autogestion et la démocratie directe. Mais l'État fédéral s'est transformé en une union d'États. La fédération a un caractère d'étatisme polycentrique. La bureaucratie est l'essence de cette union et de l'aspect autoritaire des unités fédérales. On peut dire que la bureaucratie a transformé l'État fédéral en une union d'États.[12]

Ces changements structurels sont décidés par un cercle restreint de dirigeants, dans lequel l'idéologue du régime yougoslave, Edvard

---

d'une représentation égale des organisations républicaines indépendamment de leur importance numérique. Selon les dirigeants du Parti, la LCY ne pouvait plus assurer la cohésion du pays en tant que force supra-nationale.

10 Bilandžić D., *Jugoslavija poslije Tita* (La Yougoslavie après Tito), Zagreb, Globus, 1986, pp. 20-21.

11 Vilić D., Todorović B., *Razbijanje Jugoslavije : 1990-1992* (L'éclatement de la Yougoslavie : 1990-1992), Beograd, Književne novine, 1995, pp. 140-146 ; voir également le premier chapitre « Jugoslovenski federalizam i međunacionalni odnosi » de l'ouvrage de Mirić J., *Sistem i kriza : prilog kritičkoj analizi ustavnog i političkog sistema Jugoslavije* (Système et crise : contribution à l'analyse critique du système constitutionnel et politique de la Yougoslavie), Zagreb, Cekade, 1984 dans lequel l'auteur démontre le changement de nature de la fédération yougoslave et l'écart avec les normes fixées en 1943, dans la constitution de 1946, la loi constitutionnelle de 1953 puis dans la constitution de 1963.

12 Todorović M., *Političko biće drustvene krize* (L'essence politique de la crise sociale), Zagreb, Asocijacija naučnih unija jugoslavije, 1986, p. 140.

Kardelj, joue un rôle déterminant. Il s'agit pour ces dirigeants de contribuer au règlement de la question nationale en supprimant la possibilité d'hégémonie d'une république sur les autres par l'établissement d'un système constitutionnel assurant l'égalité entre les nations et les nationalités (minorités nationales). De fait, la réforme de la Fédération vise l'idéologie tendant à créer une nation yougoslave, au demeurant faiblement exprimée sous le communisme[13]. L'égalité des républiques est garantie par leur autonomie politique, leur indépendance économique. Les unités fédérales deviennent responsables de leur propre développement. Le renforcement des attributs d'État se traduit également dans le domaine militaire puisque les unités fédérales prennent le contrôle des défenses territoriales lors de leur fondation en 1968. Tandis que dans la plupart des États fédéraux ailleurs dans le monde le centre fédéral et les processus d'intégration se renforcent, la Yougoslavie de Tito prend la direction inverse en procédant à une « défédéralisation »[14].

En effet, les communistes yougoslaves abandonnent leur internationalisme et le yougoslavisme au profit de l'affirmation du national[15] :

> La décentralisation de la gestion de l'économie et des affaires sociales effectuée dans les années 60 devait contribuer à réformer les structures administratives centralistes de la fédération et permettre l'inclusion directe des travailleurs et des citoyens dans le processus de décision au sein des organisations autogestionnaires et des communautés sociopolitiques. Elle devait assurer les fondements d'une intégration sociale autogestionnaire et démocratique plus large. Cependant, comme la décentralisation n'a pas été accompagnée d'une démocratisation autogestionnaire parallèle de la société, on a obtenu un bureaucratisme décentralisé comme forme du nationalisme bureaucratique. Au lieu de la prise du pouvoir par les travailleurs et les citoyens, le pouvoir politique et économique a été transféré aux centres étatiques et au Parti aux niveaux républicain et local. Ainsi, les intérêts partiaux, les localismes et les nationalismes se sont renforcés. Les forces bureaucratiques ont préservé également dans la nouvelle répartition du pouvoir leurs positions dominantes s'appuyant sur ces intérêts locaux, régionaux et partiaux, les élevant au niveau de questions sociopolitiques fondamentales. C'est ainsi qu'a commencé le processus d'apparition d'entités fermées, qui s'affrontaient entre elles, entravant l'intégration auto-

13 Dans la plupart de ses discours sur la question nationale, Edvard Kardelj ne cessait de mettre en garde les citoyens yougoslaves contre la création d'une culture yougoslave d'État, contre la création d'une nation yougoslave. Selon lui, l'intégration culturelle des peuples de Yougoslavie ne pouvait se réaliser que sur la base d'un contenu socialiste. Kardelj E., *The Nation and Socialism*, Belgrade, STP, 1981, pp. 146-153.

14 Mirić J., *op. cit.*, pp. 21-23.

15 Trkulja J., *Osvajanje demokratije : ogled o postkomunizmu* (La conquête de la démocratie : étude sur le postcommunisme), Beograd, Draganić, 1993, pp. 80-81.

gestionnaire dans un cadre yougoslave. Plus tard, après les réformes constitutionnelles de 1971-1974 ce processus s'accentuera, car le nationalisme était installé dans le système même.[16]

Alors que la Constitution de 1963 considère les républiques comme les États des différentes classes ouvrières, le texte fondamental de 1974 les définit en premier lieu comme des États nationaux. Selon le sociologue Laslo Sekelj, le nationalisme devient la nouvelle source de légitimité du Parti à l'intérieur des républiques[17]. Le terme de nationalisme nous paraît exagéré et ne pas refléter la réalité. Il est plus juste d'affirmer que ces structures ont permis et favorisé l'expression des différents nationalismes au cours de la décennie suivante. Au terme de nationalisme, nous préférons celui de « républicanisme », correspondant à la défense par les bureaucraties républicaines et provinciales de leurs propres intérêts. En effet, cette défense ne s'inscrit pas nécessairement dans le champ du national (cas de la Voïvodine et de la Bosnie-Herzégovine, par exemple).

Les tendances confédéralisatrices ne se réalisent pas complètement jusqu'à la mort de Tito qui arbitre les dissensions entre les unités fédérales. Les structures confédérales ne connaissent une application profonde qu'après la mort du chef charismatique au mois de mai 1980[18]. C'est contre cet ordre constitutionnel (confédération) que s'exprime le mouvement national serbe dans la seconde moitié des années 80.

---

16 Todorović M., *op. cit.*, p. 185.

17 Sekelj L., *Jugoslavija : struktura raspadanja*, Beograd, Rad, 1990, p. 145. Laslo Sekelj estime que la nouvelle constitution contribua en fait à absolutiser les intérêts nationaux au détriment notamment des libertés individuelles, ainsi qu'à l'ethnicisation des rapports sociaux. Laslo Sekelj emploie indifféremment les termes de républicanisme et de nationalisme pour décrire la réalité yougoslave des années 70. Il nous semble préférable de distinguer ces deux termes. Il est vrai que le pouvoir central opéra une redéfinition des républiques les liant plus directement aux différentes composantes nationales, mais dans la pratique, le nationalisme à partir des structures politiques ne s'exprima qu'au cours de la décennie suivante. Pour ne prendre qu'un exemple, la ligue des communistes de Croatie était nationalement hétérogène, tout comme la plupart des autres organisations, hormis celle de Slovénie. La politique de défense des intérêts de la république de Croatie était soutenue aussi bien par les cadres croates que serbes. La direction politique de la Voïvodine était majoritairement serbe, elle n'en menait pas moins une politique opposée à celle de la Serbie étroite. La fragmentation de l'espace politique ne reposait pas encore sur des clivages nationaux, mais sur des oppositions entre les différentes bureaucraties soucieuses de préserver leur pouvoir, augmenté par les changements constitutionnels de la fin des années 60 et du début des années 70.

18 Stojanović S., *Propast komunizma i razbijanje Jugoslavije* (La chute du communisme et l'éclatement de la Yougoslavie), Beograd, F. Višnjić, 1995, pp. 64-65.

La question du Kosovo

La question du Kosovo constitue un élément significatif de la causalité du processus d'ouverture de la question nationale serbe au cours des années 80. Cette région occupe une place particulière, non seulement dans l'histoire et la mémoire nationale, mais aussi dans la culture (littérature, art, etc.) serbe. Dans la mythologie nationale, le destin de la nation serbe se joue en 1389 sur le Champ des Merles (Kosovo Polje) où les armées serbes affrontent les Ottomans qui finissent par imposer leur domination. La lutte pour la libération nationale se comprend comme une vengeance (*Kosovska osveta*) des événements tragiques qui se sont produits au Moyen Âge. Le conflit opposant Serbes et Albanais dans cette province concerne d'une part, le statut des Albanais dans l'ensemble yougoslave et d'autre part, le contrôle des territoires en question :

> (...) Chacun des deux peuples proclame l'antériorité et la légitimité de sa présence au Kosovo, ce qui est une manière d'en revendiquer la propriété. Et chacun se considère comme la victime de l'autre en particulier, et de tous les autres en général, ou peut s'en faut. Les accusations croisées de génocide sont constantes. (...)[19]

L'arrière-plan historique

Selon l'historiographie serbe, la population serbe est dominante au Kosovo au Moyen Âge (XIIe-XVe siècles) et ce jusqu'à la fin du XVIIe siècle. Ensuite la structure ethnique est modifiée au profit des Albanais qui peuplent l'espace abandonné par les Serbes lors des deux vagues de migrations en 1690 et en 1737. Le processus d'installation des Albanais se poursuit jusqu'au XIXe siècle. Selon l'historiographie albanaise, le Kosovo a toujours été peuplé d'Albanais, considérés comme les descendants des Illyriens qui habitaient cette partie de la péninsule balkanique durant l'antiquité. Le mouvement national albanais tardif et peu reconnu sur la scène internationale se développe au cours de la seconde moitié de ce siècle et a pour terrain la région du Kosovo[20].

---

[19] Roux M., *Les Albanais en Yougoslavie : minorité nationale, territoire et développement*, Paris, Maison des Sciences de l'Homme, 1992, p. 21.

[20] Au lendemain de la guerre russo-turque de 1877-1878 et de la conclusion des accords de paix de San Stefano prévoyant un agrandissement considérable de la Bulgarie et moindre de la principauté de Serbie au détriment entre autres de territoires peuplés d'Albanais, l'élite politique et culturelle albanaise (autour d'Abdyl Frashëri) de l'époque s'organisa pour éviter la cession de régions considérées comme albanaises :

Lorsque les Serbes prennent le contrôle de cette région lors des guerres balkaniques de 1912-13, ils ne représentent plus qu'un quart environ de la population. Le pouvoir serbe, puis yougoslave à partir de 1918, lance une politique de serbisation de la province dans le but de modifier la structure ethnique au profit des Serbes et des Monténégrins. Cette reconquête du Kosovo est réalisée au moyen de la colonisation (on comptait 18 000 familles slaves installées en 1940) et de pressions pour faire partir les Albanais musulmans vers la Turquie. Certains envisagent l'expulsion des Albanais par des méthodes coercitives et violentes (mémorandum de Vasa Čubrilović (1897-1990), daté de 1937), mais les autorités yougoslaves n'adoptent pas une telle direction. Des Albanais résistent à la reprise en mains par la Serbie du Kosovo lors des guerres balkaniques, puis de 1918 à 1920. La résistance armée albanaise disparaît au cours des années suivantes. Durant l'entre-deux-guerres, les autorités yougoslaves entravent l'expression de la conscience nationale albanaise : la minorité albanaise n'avait pas de droits spécifiques garantis. Dans ces conditions, les Albanais du Kosovo vivent leur rattachement à l'Albanie sous contrôle italien en 1941 comme une libération. La plus grande partie du Kosovo est effectivement rattachée à l'Albanie sous protectorat italien, sa partie orientale est englobée dans l'État bulgare, le nord est maintenu dans la Serbie sous occupation allemande. Les nouvelles autorités albanaises dans la zone d'occupation italienne exercent des pressions et usent de la violence pour en chasser les Serbes et les Monténégrins[21].

---

une ligue fut constituée à Prizren en juin 1878 afin de mieux défendre les intérêts nationaux albanais.

[21] Rajović R., *Autonomija Kosova : istorijsko-pravna studija* (*L'autonomie du Kosovo : étude historico-juridique*), Beograd, Ekonomika, 1985, p. 146. Plusieurs dizaines de milliers de Serbes furent contraints de prendre le chemin de l'exode. Dans un ouvrage collectif d'historiens sur la place du Kosovo et de la Metohija dans l'histoire serbe, par ailleurs aux accents antialbanais (*Kosovo i Metohija u srpskoj istoriji*, Beograd, Srpska književna zadruga, 1989), le chiffre de 100 000 réfugiés est cité pour l'ensemble des zones d'occupation. De mai 1941 à avril 1944, 40 000 Serbes et Monténégrins auraient été chassés de la zone italienne. Après la capitulation italienne, le 9 septembre 1943, fut fondée la Seconde ligue de Prizen (en rapport avec la Ligue de Prizren qui agit entre 1878 et 1881 afin de défendre la cause nationale albanaise dans le contexte de la tenue et des conséquences du Congrès de Berlin) par des nationalistes albanais collaborateurs dont l'un des principaux objectifs était la formation d'une « Albanie ethnique » vidée des éléments non-albanais. La grande Albanie devait comprendre le Kosovo, le Sandjak, les territoires orientaux du Monténégro, la Macédoine occidentale, une partie de la Serbie – région de Niš – des territoires du nord-ouest de la Grèce et l'État albanais fondé en 1912-13. À ce propos voir, Rajović, *op. cit.*, pp. 171-173.

En 1945, les régions du Kosovo et de la Metohija sont réintégrées à la Yougoslavie et rattachées plus particulièrement à la République populaire de Serbie en juillet 1945. Lors de la prise du pouvoir par les communistes au Kosovo, d'importants heurts entre la population albanaise hostile au nouveau régime et les partisans yougoslaves se produisent. Ils provoquent la mort de plusieurs centaines de combattants albanais : une insurrection est organisée entre autres par le Front national albanais (*Balli kombëtar*) dans la région de la Drenica surtout[22].

Malgré tout, le sort des Albanais du Kosovo (se dénommant également Kosovars) s'améliore après 1945. Pour la première fois depuis 1918, ils sont reconnus comme un groupe national distinct dans l'ensemble yougoslave. La réforme agraire est appliquée de façon égalitaire à l'ensemble des nationalités et les paysans albanais récupèrent les terres qui leur ont été confisquées sous le royaume de Yougoslavie. Toutefois, l'amélioration de leur situation est de courte durée, car la rupture entre la Yougoslavie et l'URSS entraîne une rupture des relations entre Tirana et Belgrade. Les Albanais du Kosovo, surtout les personnes les plus éduquées, sont perçus alors par la police politique yougoslave comme des éléments douteux, susceptibles de servir les intérêts de l'Albanie et de l'URSS. Ils sont l'objet d'une surveillance systématique. Les autorités communistes yougoslaves réintroduisent une politique d'émigration forcée des Kosovars. Entre 1953 et 1966, 230 000 Albanais environ quittent la Yougoslavie vers la Turquie essentiellement[23].

Les Albanais s'intègrent difficilement à la nouvelle Yougoslavie dans la mesure où le pouvoir au Kosovo est essentiellement entre les mains de communistes serbes et monténégrins. Toutefois, il faut préciser que la résistance communiste au Kosovo n'a compté que quelques dizaines d'Albanais, nombre insuffisant pour fournir les cadres nécessaires au Parti, ainsi qu'à l'administration. De surcroît, l'arriération des structures sociales et l'absence d'éducation dans la population albanaise, ainsi que la faiblesse des élites locales, expliquent la faible représentation politique et sociale des Kosovars dans le cadre de la Yougoslavie communiste d'après-guerre.

---

22 Horvat B., *Kosovsko pitanje* (*La question du Kosovo*), Zagreb, Globus, 1988, p. 61 ; l'insurrection albanaise éclata en décembre 1944 et fut pacifiée durant l'été 1945, elle impliqua plusieurs milliers de combattants albanais. En outre, une administration militaire fut imposée de février à juin 1945 afin de briser l'insurrection.

23 Logoreci A., « A Clash between two Nationalism in Kosovo », in *Studies on Kosovo*, New York, Columbia University Press, 1984, p. 188.

De la domination serbe à l'albanisation des structures sociopolitiques du Kosovo

De 1945 à la fin des années 60, la population slave du Kosovo est privilégiée et avantagée. Le nombre des Albanais dans l'administration est insignifiant. En 1953, les Serbes et Monténégrins représentant 31,5 % de la population de la région détiennent 68 % des fonctions administratives et dirigeantes[24]. Il en est de même dans la police où les Serbes en 1956 forment 60,8 % des effectifs alors qu'ils ne constituent que 23,5 % de la population[25]. Cette emprise de la police sur le Kosovo est remise en cause après la chute d'Alexandre Ranković, vice-président de la Fédération yougoslave, en juillet 1966. Des détails sur les excès de la police politique au Kosovo sont apportés par des dirigeants albanais du Kosovo (Veli Deva, Ali Shukrija, Kolë Shiroka, etc.), lors du VIe plénum du comité central de la LC de Serbie en septembre 1966[26]. Lors de la visite d'une délégation du Kosovo à Tito en février 1967, Veli Deva, président du comité provincial de la Ligue des communistes, revient sur les exactions commises par le Service de sécurité d'État : lors de la confiscation des armes privées en 1956, de nombreux Albanais ont été maltraités, 30 000 personnes sont passés par les services de la Sécurité d'État, la méfiance règne vis-à-vis des cadres et intellectuels albanais[27]. À partir de 1966-67, le pouvoir central facilite l'affirmation nationale des Albanais.

Paradoxalement, alors qu'un changement de cap est opéré dans la politique des nationalités au Kosovo, des manifestations estudiantines éclatent le 27 novembre 1968. Les manifestants réclament la transformation du Kosovo en république et l'établissement d'une université indépendante à Priština (Prishtina)[28]. La police intervient et disperse les étudiants contestataires. Les autorités communistes locales condamnent ces actions « ennemies » et l'Armée populaire yougoslave (JNA) rétablit l'ordre public. À la suite de ce déploiement de force, les organisateurs des manifestations renoncent à poursuivre leurs actions. Les principaux meneurs sont arrêtés et condamnés à cinq années de prison. En février

---

24 Cohen L.J., *op. cit.*, p. 350.

25 Horvat B., *op. cit.*, p. 62.

26 À propos du Sixième plénum, voir Sekulić Z., *Pad i ćutanja Aleksandra Rankovića* (*La chute et le silence d'Alexandre Ranković*), Beograd, Dositej, 1989, pp. 127-300.

27 Vuković Z., *Od deformacije SDB do maspoka i liberalizma* (*Des déformations des Services de sécurité d'État au mouvement de masse et au libéralisme*), Beograd, Narodna Knjiga, 1989, pp. 79-87.

28 Ramet P., *Federalism and Nationalism in Yugoslavia : 1962-1991*, Bloomington, Indiana University Press, 1984, pp. 158-159.

1969, une quarantaine de membres de la Ligue des communistes du Kosovo sont exclus du Parti pour avoir participé ou soutenu les manifestations[29]. Ces soubresauts provoquent une détérioration des relations entre Serbes et Albanais. Déjà au mois de mai 1968, l'écrivain et homme politique Dobrica Ćosić (1921-) a soulevé la question de la situation des Serbes dans cette province lors d'un plénum de la Ligue des communistes de Serbie.

Malgré cette répression, le pouvoir central tente d'améliorer la situation économique du Kosovo et de promouvoir des Albanais dans l'administration et le Parti. De surcroît, les révisions constitutionnelles de décembre 1968 ont accordé aux provinces, prétendues autonomes depuis 1945, une réelle autonomie[30]. La région de Kosovo-Metohija est rebaptisée Kosovo et les Albanais peuvent y arborer, à côté du drapeau yougoslave, leur drapeau national, en fait, celui de l'Albanie voisine. Une université, ainsi qu'un Institut d'albanologie, sont créés permettant la formation de nouveaux cadres albanais. La période de 1968 à 1981 est caractérisée par l'émancipation politique des Albanais[31]. L'élite politique et culturelle albanaise s'étoffe, la presse en langue albanaise se développe. Cette albanisation des structures politiques et sociales est favorisée par la nouvelle Constitution yougoslave de 1974 qui fait du Kosovo, ainsi que de la Voïvodine, une province autonome devenue une unité du fédéralisme yougoslave. L'élite albanaise en formation commence au cours des années 70 à concurrencer sérieusement les élites serbe et monténégrine qui ont été prédominantes depuis les guerres balkaniques de 1912-1913. La perte d'influence des élites serbe et monténégrine contribue à accroître les inquiétudes de ces populations quant à leur avenir au Kosovo[32]. Malgré cette nette amélioration des conditions sociales de la minorité nationale albanaise, de nouvelles manifestations ont lieu en 1974-1975 et plus significativement en 1981. Au cours des années 70, plusieurs organisations séparatistes albanaises sont démantelées : le Mouvement révolutionnaire pour l'Albanie unifiée, le Parti communiste marxiste-léniniste des Albanais de Yougoslavie, le Mouvement de libération nationale du Kosovo, etc.[33]

---

29 *Ibid.*, p. 159.

30 Les amendements VII à XIX à la Constitution de 1963 établirent les provinces autonomes au sein de la république socialiste de Serbie comme des éléments constitutifs du fédéralisme yougoslave.

31 Magaš B., *The Destruction of Yugoslavia : Tracking the Break-up 1980-92*, London, Verso, 1993, p. 36.

32 Cohen L.J., *op. cit.*, p. 359.

33 Ramet Sabrina P., *Nationalism and Federalism in Yugoslavia : 1962-1991*, Bloomington, Indiana University Press, 1984, p. 193.

Les manifestations albanaises de 1981 ont pour origine le mécontentement d'étudiants qui protestent le 11 mars contre leurs mauvaises conditions de vie. À ce stade, la direction politique de la Province estime qu'il s'agit de troubles sociaux et que le mécontentement des étudiants est justifié. Les manifestations reprennent le 26 mars et perdent leur caractère social au profit de revendications et de slogans à caractère national : « Kosovo-République », « le Kosovo aux Kosovars », etc.[34] Les unités spéciales de la police interviennent sans parvenir à étouffer le mouvement albanais. Début avril 1981, les manifestations s'élargissent, les étudiants sont rejoints par des ouvriers et des paysans. L'armée est alors contrainte d'intervenir, l'état de siège est proclamé et le couvre-feu instauré. Officiellement, les émeutes ont fait onze victimes. Au cours de ces événements, une partie des bâtiments du patriarcat orthodoxe de Peć a été détruite par un incendie dont les ecclésiastiques attribuent la responsabilité aux Albanais. Le mouvement nationaliste albanais est violemment réprimé et plusieurs centaines de personnes sont exclues du Parti. Ces troubles sont l'occasion pour la Ligue des communistes de Yougoslavie et plus particulièrement pour la Ligue des communistes de Serbie de procéder à une analyse et à un état des lieux de la Province.

La marginalisation démographique des Serbes

Parallèlement à l'albanisation des structures politiques et administratives, le déclin démographique de la population serbe se poursuit. Le Kosovo demeure la région la plus pauvre de Yougoslavie avec toutes les caractéristiques d'un pays du tiers-monde. La question démographique y est la plus sensible : elle affecte le développement économique de la Province et n'est pas sans répercussion sur le comportement des Serbes et des Monténégrins. En effet, après 1945, le Kosovo connaît une forte expansion démographique due au taux de natalité élevé de la population albanaise : 51,3 pour mille en 1950, 48,1 pour mille en 1960, 42,2 pour mille en 1970 et 37,5 pour mille en 1980[35]. La pression démographique devient l'un des problèmes majeurs de l'économie de la région, mais il n'est pas reconnu comme tel officiellement avant les années 80. L'accroissement de la population provoque des tensions dans les domaines de l'acquisition de la terre, du logement et de l'emploi. Le taux de chômage, avoisinant les 30 % dans les années 70, est le plus élevé de Yougoslavie. La croissance économique de la région est insuffisante pour absorber le surplus continu de main-d'œuvre et pour assurer des infrastructures sociales et culturelles adéquates. Le Kosovo est

---

34 À propos des slogans, voir Horvat B., *op. cit.*, p. 101.

35 Krstić B., *Kosovo između istorijskog i etničkog prava* (Le Kosovo entre le droit ethnique et historique), Beograd, Kuća vid, 1994, p. 114.

dépendant du centre fédéral pour son développement économique et il ne s'industrialise qu'avec l'aide des investissements fédéraux.

L'expansion démographique est accompagnée d'une diminution de la part relative des Serbes dans la population totale du Kosovo : en 1921, le premier recensement du royaume des Serbes, Croates et Slovènes indique que les Albanais constituent 6,5 % de la population de la Serbie actuelle et 65,8 % de la population du Kosovo. Les recensements suivants montrent la poursuite de l'expansion de la population albanaise :

	1948	1953	1961	1971	1981	1991
Population totale de la Serbie	6528	6979	7642	8447	9313	9779
% des Serbes en Serbie	73,9	73,8	74,6	71,2	66,4	65,9
% des Albanais en Serbie	8,1	8,1	9,2	11,7	14,0	17,1
Population totale du Kosovo	728	808	964	1244	1584	1956
% des Serbes au Kosovo	23,6	23,6	23,5	18,3	13,2	9,9
% des Albanais au Kosovo	68,4	65	67,1	73,6	77,5	81,6

Source : Srđan Bogosavljević, « A Statistical Picture of Serbian-Albanian Relations », in Dušan Janjić, Shkelzen Maliqi (Ed.), *Conflict or Dialogue : Serbian-Albanian Relations and Integration of the Balkans : Studies and Essays*, Subotica, 1994, p. 17.

La crise économique, sociale et politique des années 80

Au cours des années 80, les difficultés économiques prennent une ampleur telle que les fondements du système social et politique sont remis en cause. Il serait maladroit de réduire la crise yougoslave à sa dimension économique. En effet, les dysfonctionnements économiques sont le symptôme d'une crise plus large, dont le centre est situé dans la sphère politique[36] :

[36] Goati V., *Politička anatomija jugoslovenskog društva* (*Anatomie politique de la société yougoslave*), Zagreb, Naprijed, 1989, p. 19. Le politologue de Zagreb, Jovan Mirić, fut le premier en Yougoslavie à insister sur les racines politiques de la crise en général et de la crise économique, en particulier dans son ouvrage : *Sistem i kriza : prilog kritičkoj analazi ustavnog i političkog sistema Jugoslavije* (*Système et crise : contribution à l'analyse critique du système constitutionnel et politique yougoslave*), Zagreb, Cekade, 1984.

> ... La sphère politique (le Parti et l'État) domine l'économie et la société de telle sorte qu'ils déterminent le système et la politique économiques selon leurs positions et non selon les exigences du processus de production, de reproduction, les intérêts et les besoins des travailleurs, des producteurs directs. Elle a ainsi créé par une telle organisation de la production un fondement socio-économique spécifique de son pouvoir sur l'ensemble de la production et de la société.[37]

La Yougoslavie connaît un système économique centralisé à l'image de celui de l'URSS de 1945 à 1952, puis avec l'introduction de l'autogestion, la supervision de l'État devient moins stricte. Toutefois, les autorités centrales demeurent les principales actrices des décisions économiques jusqu'en 1965. Cette année-là une réforme économique marchande est introduite dans le but de répondre au ralentissement de la croissance constaté au début de la décennie. Elle est opératoire jusqu'en 1971, lorsque le pouvoir central décide d'adopter des changements structurels importants à cause des effets néfastes provoqués par la réforme : accroissement des inégalités sociales, émergence de conflits d'intérêt entre les républiques et trop forte libéralisation de la vie politique. L'autogestion (Loi sur le travail associé de 1976) et les prérogatives des unités de travail sont renforcées dans le cadre d'un système oscillant entre étatisme et marché[38]. En fait, les éléments d'économie de marché sont largement annihilés par le système. Le développement en profondeur des institutions autogestionnaires par l'intermédiaire de la Constitution de 1974 et de la Loi sur le travail associé de 1976 doit permettre théoriquement de résorber les difficultés économiques. Dans la réalité, ces solutions se transforment en nouvelles causes de la crise[39]. L'économie yougoslave se trouve morcelée en une multitude d'unités économiques (organisations de base du travail associé), les entreprises sont divisées en plusieurs unités, ce qui alourdit considérablement le processus de prise de décision en leur sein, ainsi qu'entre elles. En outre, le renforcement des prérogatives des républiques en matière économique et l'application du concept « d'économies nationales » provoque un éclatement du marché yougoslave et un repli des unités fédérales sur elles-mêmes[40]. De ce fait, les échanges

---

[37] Todorović M., *op. cit.*, p. 57.

[38] À propos de l'évolution du système économique yougoslave voir : Samary C., *Le marché contre l'autogestion : l'expérience yougoslave*, Paris, La Brèche, 1988.

[39] Đeković L., « Privredna kriza i privredna reforma u Jugoslaviji » (Crise économique et réforme économique en Yougoslavie), in Korošic M., *Quo vadis Jugoslavijo ?*, Zagreb, Naprijed, 1989, p. 27.

[40] Ce concept fut développé en 1964 par l'idéologue du régime, Edvard Kardelj, lors du Huitième congrès de la LCY. Ce congrès avait défini les termes de l'autonomie des économies nationales qui connut une pleine réalisation dans les années 70, les répu-

entre les républiques ne représentent que 20 à 25 % de leurs productions, à savoir beaucoup moins qu'entre les pays de la CEE[41]. En raison de cette fragmentation de l'économie yougoslave, on assiste à un approfondissement des inégalités entre les différentes républiques. Paradoxalement, la décentralisation en matière économique ne signifie pas la libération des entreprises de leur tutelle étatique : au lieu d'un contrôle par le centre fédéral, on assiste à une multiplication des pôles de contrôle, au développement de huit étatismes, et ce, au détriment de l'autogestion.

À partir de 1979, la Yougoslavie entre dans une période de profonde crise économique due aux contradictions internes du système, mais aussi aux effets de la récession économique du monde occidental depuis 1975. La Yougoslavie a financé sa croissance économique au cours des années 70 en empruntant à l'étranger, en important plus qu'en n'exportant vers les pays occidentaux. Après 1971-1972, les républiques et provinces autonomes sont entrées dans un cycle d'investissements massifs dans le but de rattraper le niveau de développement des pays industrialisés riches. Cette politique de développement assure d'ailleurs la légitimité des directions politiques des différentes régions. En 1980 la Fédération se retrouve avec une dette extérieure de 21 milliards de dollars[42]. Les obligations liées au remboursement de la dette entravent la reprise économique au cours des années 80 et le Fonds monétaire international exige des réformes économiques et des mesures d'austérité en échange de l'attribution d'aides financières. Afin de rembourser sa dette, la Yougoslavie diminue sensiblement ses importations (chute de 36 % entre 1979 et 1985), provoquant ainsi des pénuries de certains biens de consommation[43]. Le pays manque de devises étrangères, il a ainsi besoin des crédits du FMI pour refinancer sa dette. Les efforts pour atténuer l'endettement extérieur se traduisent par une vague d'austérité au début des années 80 qui met un terme au bien-être constaté lors de la seconde moitié des années 70.

---

bliques élaborant des programmes de développement économique distincts sans nécessairement tenir compte de la cohésion de la fédération.

[41] *Ibid.* p. 29. La tendance à l'autarcie des républiques provoqua également un dédoublement des capacités dans l'industrie essentiellement (raffineries de pétrole, de sucre, etc.) renforçant ainsi la faible efficacité des investissements.

[42] Trois quarts de la dette environ avaient été contractés entre fin 1973 et fin 1980, voir Korošic M., *Jugoslovenska kriza* (*La crise yougoslave*), Zagreb, Naprijed, 1988, p. 117. Bilandžić D. dans l'ouvrage – *Jugoslavija poslije Tita* (*La Yougoslavie après Tito*), Zagreb, Globus, 1986 –, souligne que plus de 85 % de la dette (soit 14,5 milliards de dollars) fut contracté entre 1976 et 1981.

[43] Parmi les produits concernés, on trouvait le café, les médicaments, la lessive, certains fruits, etc.

Outre l'endettement, la crise se caractérise par un ralentissement brusque et une faible croissance du Produit social (unité comptable mesurant la production nationale) :

Années	**Produit social**	**Productivité du travail**
1980	2,3	2,8
1981	1,4	-1,6
1982	0,5	-2,5
1983	-1,1	-2,8
1984	2,0	0,2
1985	0,5	-1,1

Source : Dragutin V. Marsenić, *Ekonomika Jugoslavije*, II izd., Beograd, Ekonomski fakultet, 1996, p. 101.

Dans la seconde moitié des années 80, ce phénomène se poursuit et s'aggrave :

Années	**Produit social**	**Productivité du travail**
1986	3,6	-0,2
1987	-1,1	-2,5
1988	-1,7	1,6
1989	0,6	0,5

Source : Dragutin V. Marsenić, *op. cit.*, p. 101

De 1980 à 1990, le taux de croissance annuel moyen du Produit social est de -0,1 %. Face à un taux de croissance annuel moyen de la population de 0,6 %, au cours de la même période, la Yougoslavie n'est plus en mesure de progresser et l'écart avec les pays les plus développés se creuse après plusieurs décennies d'avancées certaines.

Le nombre des entreprises travaillant à perte augmente considérablement au début des années 80 et ne cesse de croître dans la seconde moitié de la décennie : leurs capacités ne sont plus utilisées à plein. Alors que le niveau de la production diminue sensiblement, l'emploi atteint un taux de croissance annuel moyen de 1,9 % entre 1980 et 1989, provoquant ainsi une détérioration de la productivité du travail.[44] Le suremploi a tendance ainsi à s'amplifier lourdement : en 1983, on l'estime à 900 000 personnes sur une population active de 6,7 millions

[44] Marsenić D.V., *Ekonomika Jugoslavije*, II izd., Beograd, Ekonomski fakultet, 1996, pp. 204-205.

d'individus[45]. L'augmentation de l'emploi est décidée surtout pour des raisons politiques et sociales, dans le but d'atténuer les tensions sociales, et elle n'est pas basée sur des critères économiques. Au cours des années 80, le nombre de chômeurs augmente : il passe de 785 000 (soit un taux de chômage de 13,82 %) en 1980, à 910 000 (14,93 %) en 1983, à 1 039 000 (16,30 %) en 1985 puis à 1 128 000 (16,78 %) en 1988[46]. Le chômage affecte inégalement les républiques et les provinces autonomes : en 1987, alors que la Slovénie, république la plus riche, connaît un taux de chômage de 1,8 %, celui du Kosovo, région la moins développée, est de 55,8 %, la Serbie centrale (sans les provinces autonomes) ayant un taux de 17,6 % de chômeurs. Ce fléau frappe avant tout les républiques les moins développées (Macédoine, Monténégro et Bosnie-Herzégovine)[47]. Les jeunes et plus particulièrement les jeunes diplômés sont les premiers affectés par ce phénomène.

L'augmentation de l'inflation est une autre caractéristique de la crise. Entre 1976 et 1981, l'inflation a été de 17,4 % par an en moyenne, entre 1982 et 1986, elle atteint 56,3 %. Entre 1986 et 1990, l'inflation prend des proportions encore plus importantes et se transforme en hyperinflation avec des taux de 1 256 % en 1989 et 2 665 % en 1990. Dans ces circonstances, le niveau de vie des citoyens yougoslaves se détériore : entre 1979 et 1985, les revenus réels dans le secteur social baissent de 26 %. Le niveau de la consommation individuelle en 1990 représente le niveau de 1979. En 1978, 3,8 millions de personnes (soit 17 % de la population) vivent en dessous du seuil de pauvreté, en 1987, 5,7 millions de citoyens yougoslaves (soit 25 % de la population) sont confrontés à la pauvreté. La décapitalisation généralisée de la vie économique s'accompagne d'un accroissement de la corruption et des vols dans les entreprises[48]. Les citoyens yougoslaves se sont habitués à l'amélioration progressive de leurs conditions de vie, or cette période de progrès est interrompue dans la première moitié des années 80. Cependant, leurs attentes demeurent grandes et le système ne parvient plus à satisfaire leurs besoins. Cet aspect explique l'érosion progressive du soutien dont bénéficie le système politique.

---

45 Magaš B., *The Destruction of Yugoslavia : Tracking the Break-up 1980-92*, London, New York, Verso, 1993, p. 95.

46 Mecinger J., « Privredna reforma i nezaposlenost » (Réforme économique et chômage), in *Privreda u reformi : zbornik radova za savetovanje na Brionima 4-6 maj 1989* (L'économie en réforme : recueil des travaux des assises de Brioni, 4-6 mai 1989), Beograd, IRO Ekonomika i Savez ekonomista Jugoslavije, 1989, pp. 214-229.

47 « Rates of Employment and Unemployment 1980-1987 », in *Yugoslav Survey*, n° 4, 1988, pp. 27-42.

48 Lydall H., *Yugoslavia in Crisis*, Oxford, Clarendon press, pp. 31-32.

Entre 1980 et 1985, les difficultés économiques et l'austérité de rigueur ne provoquent pas de conflits sociaux importants[49]. Ce n'est qu'à partir de 1986 que les travailleurs manifestent leur mécontentement par la grève, retirant de la sorte toute légitimité au pouvoir communiste[50]. En 1987, on enregistre officiellement 1 570 grèves englobant 360 000 personnes. La société tend à se désagréger, les liens sociaux entre les individus ou les groupes s'affaiblissent. La discipline au travail connaît une dégradation importante et ce phénomène révèle l'état profond de crise dans lequel se trouve la Yougoslavie. Le travail effectif dans les entreprises du secteur social ne dépasse pas les quatre heures par jour.

La crise politique

Nous employons ici le terme de crise dans la mesure où le système politique et ses structures ne répondent plus aux problèmes posés à la société yougoslave. Ils sont incapables de proposer une sortie de la crise économique, le fonctionnement de ce système étant par ailleurs l'une des causes des difficultés économiques. La Ligue des communistes de Yougoslavie (LCY), prise dans son ensemble, n'est plus en mesure, au cours des années 80, d'orienter le développement du pays vers la croissance et la prospérité. Or, la légitimité du système communiste yougoslave, tout comme celle des pays du bloc soviétique, repose sur sa capacité à progresser vers la prospérité économique et le progrès social.

Le système politique yougoslave n'est plus capable de prendre les mesures adéquates dans des délais convenables pour régler les dysfonctionnements économiques. La principale cause de la crise du système politique réside dans la fragmentation du pouvoir politique réparti entre les différentes républiques et les provinces autonomes. Au niveau fédéral, les décisions ne peuvent se prendre que sur la base du consensus. Les cas de blocage provoqués par les unités fédérales entraînent la pro-

---

49 Au cours de la première moitié des années 80, les grèves ne duraient rarement plus d'une journée. À partir de 1986, elles eurent tendance à se faire plus longues.

50 Bogdan Denić, dans son étude sur la crise du socialisme yougoslave, estime que la légitimité du système n'était pas remise en cause par les grèves et leurs acteurs. Il note que les manifestants-grévistes portaient des portraits de Tito, des drapeaux yougoslaves et scandaient des slogans pro-socialistes (p. 85). Cette conclusion est bien hasardeuse. Si le système socialiste yougoslave et plus particulièrement le système autogestionnaire avaient bien fonctionné, on n'aurait pas assisté à la sortie des travailleurs dans la rue. Ce qui compte dans le cadre d'un tel régime, ce n'est pas le cadre normatif ou programmatique prometteur, mais la réalité des pratiques sociales. Or force est de constater que les grèves révélaient les graves dysfonctionnements du système tel qu'il était pratiqué. Ce système tel qu'il fonctionnait avait perdu le soutien des travailleurs et des citoyens en général.

longation des débats, et de fait, accentuent la lenteur et la lourdeur de la prise de décision. Le fonctionnement des institutions nuit à l'efficacité du système et affaiblit les instances fédérales[51]. Dans le contexte de la décentralisation, la Ligue des communistes de Yougoslavie est censée assurer l'unité et la cohésion du pays. Force est de constater qu'elle ne parvient pas à remplir cette fonction, notamment après la disparition du leader charismatique, Tito, en 1980. Elle devient un lieu de négociation entre les différentes directions régionales aux intérêts économiques et politiques divergents. Le centralisme démocratique ne s'applique plus du centre vers les structures régionales, mais uniquement au sein de ces dernières. Le Parti est incapable d'incarner un projet politique et social cohérent.

Immédiatement après la mort de Tito, un semblant d'union prédomine parmi les dirigeants des différentes unités fédérales. Toutefois, les conflits d'intérêts entre les oligarchies républicaines ne tardent pas à se développer et à prendre un cours dangereux pour l'évolution du pays. Des dissensions importantes éclatent entre les ligues provinciales du Kosovo et de Voïvodine d'une part, et celle de la Serbie centrale d'autre part, qui souhaite recentraliser la république de Serbie. Parallèlement, une ligne de fracture se creuse entre les partisans de la recentralisation du pays et ceux qui souhaitent le maintien ou sinon l'approfondissement des tendances confédérales. Les divisions se développent également à propos du programme de stabilisation économique à la fin 1982. En 1983, les différences de vue s'expriment avec acuité lors du Xe plénum du comité central de la LCY. En 1984, elles provoquent la paralysie de la direction de la LCY. Le programme de stabilisation économique adopté par les autorités politiques en 1982 devient le symbole de l'inefficacité et de l'inefficience du Parti. En effet, aucune des mesures proposées ne peut être réalisée complètement. Les propositions de la commission Kraigher prévoyant le développement de mécanismes marchands, la réintégration du marché yougoslave, impliquent une redéfinition des prérogatives des républiques et des provinces au profit du centre fédéral. Dès 1982, les dirigeants slovènes, appuyés par leurs homologues de Croatie contestent ces changements. Les confédéralistes sont essentiellement représentés dans les régions les plus riches du pays.

---

51 « Les difficultés dans la prise de décision au niveau de la fédération, et encore plus leur mise en application, peuvent servir d'exemple pour illustrer son mauvais fonctionnement. Conformément à la parité des républiques et des provinces et du principe de consensus (veto, consensus), dans toutes les questions pratiquement on réagit et décide lentement à la suite de longues négociations et tractations entre les républiques et les provinces et ce, même lorsque la vie économique exige des solutions rapides, pertinentes et ferme. La pratique de solutions provisoires fréquentes apporte l'incertitude, l'instabilité et l'improvisation. », Todorović M., *op. cit.*, p. 141.

Face à ce courant, se dressent les « conservateurs idéologiques », défavorables à l'introduction de l'économie de marché et soutenant la recentralisation du pays, ainsi que les réformistes libéraux soutenant, quant à eux, les réformes économiques marchandes et la recentralisation de la Fédération. Ces derniers sont essentiellement présents en Serbie[52].

Entre 1981 et 1983, les dirigeants du Parti ne reconnaissent pas l'état de crise qui affecte le pays et ce n'est qu'à partir de 1984 que la gravité de la situation est reconnue. La nécessité de réformer le système politique et économique s'impose aux dirigeants du pays. En 1986, la Présidence collégiale du pays autorise l'élaboration d'amendements à la Constitution fédérale. En janvier 1987, la commission constitutionnelle communique ses conclusions qui penchent en faveur de la recentralisation, notamment dans le domaine économique. Le gouvernement de la Serbie centrale salue les mesures proposées, tandis que les dirigeants slovènes rejettent fermement cette nouvelle orientation[53]. Entre 1987 et 1989, les débats sur la réforme du système se transforment en un conflit entre les directions politiques de Slovénie et de Serbie. C'est au cours de cette période que l'on assiste à un glissement du " républicanisme " au nationalisme. Les règles du jeu politique sont modifiées : alors que le Parti se contentait autrefois de la passivité de l'opinion ou des citoyens, au cours de cette période, il s'adresse directement à la population et recherche son soutien. Ce processus se produit en premier lieu en Slovénie, puis en Serbie[54]. Face à la paralysie du système, les directions politiques de Slovénie et de Serbie proposent chacune des solutions différentes à la crise.

---

52 Sur les différentes tendances au sein de la LCY, voir Burg S.L., « Elite Conflict in post-Tito Yugoslavia », in *Soviet Studies*, vol. 38, n° 2, avril 1986, pp. 186-187. Toutefois, Sabrina P. Ramet dans *Nationalism and Federalism in Yugoslavia, 1962-1991*, présente une différenciation plus poussée : parmi les confédéralistes, elle distingue les éléments libéraux en Slovénie et Voïvodine des éléments conservateurs présents dans la LC de Croatie, en Macédoine et au Kosovo. Enfin, la tendance conservatrice recentralisatrice était surtout représentée en Bosnie-Herzégovine et au Monténégro, p. 217 ; Susan Woodward reconnaît dans son ouvrage *Balkan Tragedy : Chaos and Dissolution after the Cold War* (Washington, The Brookings institution, 1995), également que le courant libéral était politiquement présent en Serbie (p. 65 – avant 1987, notre précision) et que ceux qui semblaient les plus proche de l'Occident et du libéralisme (Slovénie et Croatie) étaient en fait les plus conservateurs, les plus opposés aux réformes et les plus nationalistes (p. 61).

53 Ramet S.P., *op. cit.*, p. 219.

54 À ce propos voir Sekelj S., *op. cit.*, pp. 212-231. Il compare l'évolution des directions politiques slovène et serbe et étudie leur transformation en « élites politiques nationales ». Il distingue le modèle national libéral slovène du modèle national-bolchevique serbe.

Dans ces circonstances, les habitants du pays considèrent le Parti ou les hommes politiques comme l'un des principaux facteurs de la crise globale du système[55]. L'autorité et le prestige du Parti sont largement affectés par la crise du système. Cette perte d'autorité est ressentie le plus en Slovénie et en Serbie centrale et le moins en Bosnie-Herzégovine et au Kosovo[56]. Cette chute de la popularité du Parti se produit dans la première moitié des années 80 au moment où le pays plonge dans des difficultés économiques graves et connaît une vague d'austérité. Le Parti n'attire plus de nouveaux membres, notamment en Slovénie et en Croatie. Il subit alors une profonde crise de légitimité[57].

---

[55] D'après l'enquête empirique « Les salariés yougoslaves à propos des questions sociales importantes » réalisée en 1985 par le Centre des recherches sociales du CC de la LCY. À ce propos, voir : Goati V., *Politička anatomija jugoslovenskog društva* (Anatomie politique de la société yougoslave), Zagreb, Naprijed, 1989, p. 62.

[56] *Ibid.*, pp. 93-95.

[57] Le politologue Lenard Cohen distingue deux niveaux de la crise de légitimité : crise verticale d'une part, dans la mesure où les membres du Parti et les citoyens perdent confiance dans l'organisation politique dirigeante, et crise horizontale, étant donné l'autonomie accrue des organisations des républiques et des provinces du Parti n'appliquant pas les grandes décisions définies au niveau du centre fédéral : Cohen L., *Broken Bonds : the Disintigration of Yugoslavia*, Boulder, Westview press, 1993, p. 47.

CHAPITRE V

Du ressentiment à la guerre

L'ouverture de la question serbe dans la Yougoslavie communiste

Avec la victoire militaire et la prise du pouvoir par les partisans communistes, la position et l'influence des élites politiques serbes diminuent au profit d'un équilibre entre les différentes républiques de la Fédération socialiste yougoslave. En 1945-1946, les communistes proclament avoir résolu la question nationale en instaurant le pouvoir de la classe ouvrière et l'égalité entre les nations et les minorités nationales. Toutefois, des crises politiques ou des manifestations se produisent à partir de la fin des années 60 : la crise croate entre 1967 et 1971, les manifestations albanaises en 1968 et en 1981. Comment expliquer l'ouverture de la question nationale serbe au cours des années 80 ? Quels en sont les raisons et les éléments de mobilisation ? Alors que le mécontentement croate au sein du Royaume de Yougoslavie est à l'origine des soubresauts politiques entre 1918 et 1941 qui conduiront au démembrement du pays, est-il possible d'établir que l'insatisfaction serbe dans la Yougoslavie communiste a conduit à l'éclatement de la seconde Yougoslavie ?

La confédéralisation de la Yougoslavie et l'insatisfaction des dirigeants de la République socialiste de Serbie

Après une période de centralisme politique et économique, on procède à une réforme de la Fédération yougoslave entre 1967 et 1974, qui aboutit à l'adoption d'une nouvelle constitution. Cette dernière, adoptée en février 1974, et reprenant les amendements formulés les années précédentes (1968 et 1971), renforce les tendances à la confédéralisation du pays en augmentant les prérogatives des républiques et des provinces autonomes au détriment du centre fédéral. En conséquence, la position de la république de Serbie devient plus complexe, puisque les deux provinces autonomes qui lui sont rattachées sont définies comme des unités fédérales à part entière. Dans les Constitutions de 1946 et 1963, les pouvoirs et les institutions des provinces étaient définis par la république de Serbie elle-même. Dans la Constitution de 1974, ils sont déterminés essentiellement par le pouvoir fédéral. Les provinces deviennent les égales des républiques et leurs relations avec la Serbie centrale s'affaiblissent et deviennent problématiques. Les réformes constitutionnelles ont été élaborées entre 1968 et 1972 sous la direction « libérale » serbe conduite par Marko Nikezić (1921-1990) et Latinka Perović (1933-), qui s'est prononcée pour la limitation des fonctions économiques du pouvoir central et pour le renforcement de l'autonomie des républiques. Les dirigeants « libéraux » sont écartés en 1972 à l'initiative de Tito au profit de forces conservatrices et de nombreuses purges menées par ces dernières affectent les entreprises et les institutions, affaiblissant ainsi la Serbie.

En 1975, la Présidence de la RS de Serbie, s'inquiétant des contradictions internes à la Serbie, aborde la question des relations entre les trois entités de cette république. En juin 1976, un groupe de travail est formé afin d'étudier cette question épineuse. Il remet ses résultats à la Présidence serbe en mars 1977 : les auteurs du rapport établissent que les structures du pouvoir de la république de Serbie n'agissent pas sur l'ensemble du territoire ; ils mettent en garde les autorités contre la construction de trois systèmes juridiques différents, contre la tendance au repli sur soi de chacune des parties de la république de Serbie et ils s'interrogent sur la réalisation par le peuple serbe de son droit historique à posséder un État national dans le cadre de la Fédération yougoslave. Le contenu de ce document suscite la désapprobation des dirigeants des provinces autonomes appuyés par les structures fédérales. À l'époque, le rapport de force ne penche pas en faveur d'une révision de la constitution. Du fait de cette opposition, la question demeure en suspend jusqu'au début des années 80.

Les dirigeants serbes, soucieux d'assurer la cohésion de leur république saisissent les événements du printemps 1981 dans la province du Kosovo pour réactualiser la question de l'unité de la Serbie. Les divergences entre les directions politiques de la Serbie centrale et des provinces autonomes conduisent la Ligue des communistes de Yougoslavie à reconnaître les conflits internes à la Serbie en 1985. Si le comité central de la LCY constate que le droit du peuple serbe à posséder son propre État, à l'instar des autres peuples de la Fédération, n'est pas complètement accompli, étant donné la non-réalisation du principe constitutionnel de l'appartenance des provinces à la Serbie, il demande aux dirigeants de Belgrade de respecter les droits souverains des travailleurs, ainsi que des nations et des nationalités des provinces autonomes, et de renoncer aux méthodes centralistes pour régler la question de l'unité. Il a fallu une dizaine d'année pour que la LCY prenne sérieusement conscience de la gravité des phénomènes de désintégration en Serbie.

L'ouverture de la question nationale serbe

Alors que la Yougoslavie plonge au début des années 80 dans une crise économique et sociale profonde que les autorités politiques ne parviennent pas à enrayer, les actions de Serbes du Kosovo, d'ecclésiastiques et d'intellectuels de Belgrade contribuent à poser la question nationale serbe au sein de la Yougoslavie communiste. Les émeutes albanaises du printemps 1981 sont le point de départ de cette évolution. Profitant des faiblesses du Parti, des ecclésiastiques (Atanasije Jevtić, Irinej Bulović, Amfiloje Radović, etc.) s'engagent dans la défense de la cause nationale serbe au Kosovo, considéré comme « l'être biologique et spirituel » et le principal lieu de mémoire du peuple serbe. Ils publient des appels et rédigent des articles dans la presse de l'Église orthodoxe serbe (*Pravoslavlje, Glas Crkve*), dans lesquels ils dénoncent les « crimes » perpétrés par les « séparatistes et nationalistes » albanais. À partir de 1982, des Serbes du Kosovo décident d'agir contre l'albanisation de cette région et constituent progressivement un mouvement de contestation mené par Kosta Bulatović, Boško Budimirović, Miroslav Šolević, etc. Ce mouvement joue un rôle essentiel dans le réveil du sentiment national serbe au cours des années 80. À l'automne 1985, il diffuse une pétition, dans laquelle il dénonce le séparatisme albanais responsable, selon lui, de l'exode de la population serbe locale. La signature de cette pétition offre un large écho aux revendications du mouvement serbe du Kosovo qui voit alors grossir ses rangs. Ces activistes font monter la pression auprès des autorités politiques de la république de Serbie, de la Fédération et du sommet de la LCY.

Alors que les intellectuels de Belgrade se sont investis et engagés dans la défense des droits de l'homme et de la liberté de création dans la première moitié des années 80, ils font de la nation serbe leur principal sujet d'intervention dans la sphère publique et politique à partir de 1985. L'Union des écrivains se mobilise pour la cause des Serbes du Kosovo et des membres éminents de l'Académie des sciences et des arts (Pavle Ivić, Antonije Isaković, Mihailo Marković, Radovan Samardžić, Kosta Mihailović, etc.) rédigent un *Mémorandum* dont l'objet est une étude approfondie de la situation de la société yougoslave et de la position de la Serbie en son sein. Ce document, souvent présenté à tort comme le produit d'un travail souterrain et conspirateur, a été élaboré dans le cadre normal et légal de la principale institution scientifique serbe. Son ébauche avancée, publiée à l'insu des académiciens, le 24 septembre 1986, dans le quotidien belgradois *Večernje novosti*, provoque un choc politique dans l'opinion et à l'intérieur de la Ligue des communistes de Yougoslavie. Le *Mémorandum*, état des lieux critique de la situation de la Fédération yougoslave, n'est pas un document cohérent, étant donné son caractère inachevé et la multiplicité de ses auteurs.

Son contenu contradictoire commence par un exposé sur la crise économique et politique dans des termes pro-yougoslaves et universalistes, où les auteurs déplorent la prééminence du phénomène nationaliste sur celui de classe, et se termine par la formulation des intérêts particuliers de la nation serbe. Dans cette dernière partie, l'accent est mis sur le retard du développement économique de la Serbie, sa position constitutionnelle complexe, expliquée par l'existence des provinces autonomes, et la situation des Serbes du Kosovo. Les auteurs estiment que la Serbie est exploitée économiquement par les républiques les plus riches, la Slovénie et la Croatie. Selon eux, ces dernières mènent une politique revancharde contre la Serbie en réaction à la suprématie serbe dans le premier État yougoslave (1918-1941). Au Kosovo, ils estiment qu'une « guerre totale » a été déclarée par les nationalistes albanais en 1981, contre les Serbes victimes d'un « génocide physique, politique, juridique et culturel ». Ils concluent qu'en Croatie, les Serbes n'ont jamais été autant menacés depuis la période de l'État indépendant des Oustachis (1941-1945). L'objectif fixé par les académiciens est le rétablissement de l'égalité du peuple serbe avec les autres composantes nationales de la Yougoslavie. Si l'idée de l'unité ou de l'intégration des Serbes est clairement évoquée, les auteurs n'en font pas pour autant une revendication claire, se traduisant par une redéfinition des frontières notamment. En fait, le *Mémorandum* n'est pas un programme systématique pour la création d'une grande Serbie et ne mentionne pas la violence (le nettoyage ethnique) comme moyen d'atteindre les objectifs nationaux.

L'ascension de Slobodan Milošević au pouvoir

Le revirement idéologique de la LC de Serbie dans la seconde moitié des années 80 est associé à la personnalité de Slobodan Milošević. Ce dernier est loin d'avoir agi seul au sein de la direction du Parti. Toutefois, il est le principal responsable des choix politiques décidés pour la Serbie à partir de 1987. Slobodan Milošević est né le 20 août 1941 à Požarevac dans une famille d'enseignants. Sa famille est originaire du Monténégro d'où elle a émigré vers l'est de la Serbie. Son père, Svetozar Milošević, a étudié la théologie à Cetinje au Monténégro. Il a poursuivi ses études à la faculté de théologie de Belgrade et s'est séparé de sa famille au lendemain de la Seconde Guerre mondiale. Il est retourné vivre au Monténégro où il a enseigné le russe et le serbo-croate. Slobodan Milošević et son frère Borislav sont donc élevés par leur mère Stanislava. Les Milošević sont affectés par de graves événements familiaux dont les conséquences sur la personnalité de Slobodan Milošević sont difficilement mesurables : en 1962, son père se suicide et en 1973 sa mère l'imite[1]. De surcroît, son oncle maternel, Milisav Koljenšić, général de l'Armée populaire yougoslave (JNA), s'est également suicidé. Slobodan Milošević suit sa scolarité à Požarevac où il est plutôt bon élève. Au cours de sa scolarité, il rencontre Mirjana Marković (née le 10 juillet 1942) qui devient plus tard sa compagne. Le père (Moma Marković) de cette dernière est un des principaux dirigeants serbes de l'après-guerre. Son oncle, Dragoslav Marković, occupe également des fonctions politiques importantes en Serbie, surtout à partir de la fin des années 60[2].

Slobodan Milošević entre au Parti communiste en tant que lycéen en 1959. Il quitte ensuite Požarevac pour Belgrade afin d'y suivre des études de droit. Il participe aux activités de la cellule du Parti à la faculté de droit. Il en prend d'ailleurs la direction. De 1963 à 1965, il est membre du comité universitaire de la Ligue des communistes de Serbie où il s'occupe des questions idéologiques[3]. Il noue à la faculté de droit des relations amicales fondamentales pour la suite de sa carrière au sein du Parti. Les liens amicaux avec Ivan Stambolić (1936-2000) seront déterminants. En effet, Slobodan Milošević ne cessera de progresser au sein de l'appareil communiste dans le sillage d'Ivan Stambolić. Ce dernier prend la direction de l'entreprise Technogas après ses études de droit (1965-1975). Slobodan Milošević le remplace à la tête de cette entreprise lorsque Ivan Stambolić passe à la direction de la Chambre de commerce de Belgrade. Ivan Stambolić, promu chef du gouvernement de la Serbie (1978-1982), il accède à la présidence de la banque Beobanka. Slobodan Milošević entre à la présidence de la LC de Serbie en 1982, tandis qu'Ivan Stambolić prend la direction de l'organisation communiste de Belgrade (1982-1984), tout en étant membre de la présidence du Parti. En avril 1984, Ivan Stambolić est élu au poste de président du comité central de la LC de Serbie. Slobodan Milošević lui succède à la direction du comité du Parti pour la ville de Belgrade.

---

1 Đukić S., *Kako se dogodio vodja*, Beograd, F. Višnjić, 1992, p. 59 ou *Između slave i anateme*, Beograd, F. Višnjić, 1994, pp. 15-16. Le père de Slobodan Milošević vivait seul au Monténégro. Il se serait donné la mort après le suicide d'un de ses élèves à qui il aurait donné une mauvaise note. Les circonstances et les raisons du suicide de sa mère ne sont pas connues.

2 *Ibid.*, p. 16. La mère de Mirjana Marković, Vera Miletić, activiste communiste, fut proclamée « traître au Parti » après son arrestation par la police en 1943. En effet, elle aurait divulgué aux autorités les noms de plusieurs militants communistes de Belgrade qui furent à leur tour arrêtés. Son père fonda ultérieurement une autre famille. Mirjana Marković fut élevée par ses grands-parents maternels à Požarevac.

3 *Ibid.*, p. 20.

Son élection à la tête de l'organisation communiste de Belgrade, la plus importante numériquement et l'une des plus influentes au sein de la LCY, représente son entrée dans la véritable vie politique du pays. Il a évolué auparavant à des échelons secondaires et il ne faisait pas partie du groupe des principaux dirigeants de la république de Serbie. Ivan Stambolić, de par ses choix dans la politique des cadres, contribue à son ascension rapide entre 1984 et 1986. Slobodan Milošević établit les fondements de sa progression au sommet du Parti et de l'État au cours de cette période[4]. Il réunit autour de lui une équipe d'individus dévoués qui jouent un rôle important dans les rouages du pouvoir (dans les médias surtout). Le comité universitaire de la LC de Serbie, l'une des principales structures du Parti en Serbie et où sa compagne, Mirjana Marković, professeur de sociologie, est active, est l'un de ses principaux appuis.

Entre 1984 et 1986, Slobodan Milošević n'exprime aucun intérêt pour la question du Kosovo ou, plus généralement, pour la question nationale serbe. Certes, il soutient la politique pour l'unité de la Serbie et dénonce les phénomènes de désintégration tant en Serbie qu'en Yougoslavie, plus particulièrement dans le domaine économique. Néanmoins, il multiplie les critiques à l'encontre du nationalisme serbe. Ses activités sont orientées contre les milieux intellectuels d'opposition. Il contribue ou appuie l'interdiction de plusieurs ouvrages : le livre de l'historien Veselin Đuretić *Saveznici i jugoslovenska ratna drama (Les Alliés et le drame de guerre yougoslave)* qui tend à réhabiliter le rôle des Tchetniks pendant la Seconde Guerre mondiale. L'interdiction des œuvres complètes de Slobodan Jovanović, intellectuel serbe de l'entre-deux-guerres, qui a été chef du gouvernement yougoslave en exil à Londres pendant la Seconde Guerre mondiale, prend une dimension politique considérable. La maison d'édition belgradoise Prosveta a annoncé son intention de publier Slobodan Jovanović fin 1983. Elle obtient d'ailleurs l'accord de hauts dirigeants serbes parmi lesquels Dragoslav Marković, Petar Stambolić, Dušan Čkrebić et Špiro Galović. Deux membres du comité central de la LC de Serbie intègrent le comité de rédaction chargée de préparer l'édition en question : Jovan Deretić et Radivoj Cvetićanin. Le Comité de la LC de Belgrade ne partage pas ce soutien et se lance dans une campagne contre la personnalité de Slobodan Jovanović, présenté comme un « criminel de guerre ». Slobodan Milošević apparaît alors comme le représentant de la ligne dogmatique et conservatrice du Parti. Il utilise la publication des œuvres

---

4 Tomić Y., « Slobodan Miloševic et la mutation de la Ligue des communistes de Serbie du communisme au nationalisme populiste 1986-1989 », in *L'autre Europe*, n° 34-35, mars 1997.

de Slobodan Jovanović comme prétexte pour affaiblir la position de certains dirigeants proches d'Ivan Stambolić : Špiro Galović, Momir Baljak, Petar Živadinović, Milan Korugić, etc.[5] Ces derniers sont opposés aux « mesures administratives » pour lutter contre les ennemis du système, tandis que Slobodan Milošević et le Comité universitaire soutiennent une ligne de fermeté contre tous ceux qui n'appliquent pas les directives du Parti au sein de ses rangs et ceux qui y sont hostiles à l'extérieur. Ivan Stambolić, prenant en compte le rapport de force du moment, sans non plus trop s'investir, penche en faveur de la ligne Milošević. Ce dernier parvient à imposer ses points de vue au comité central de la LC de Serbie. Son initiative est également soutenue dans les autres centres politiques de la Fédération yougoslave : Novi Sad, Priština, Zagreb, Sarajevo et le sommet de la LCY[6]. La lutte entre les cadres politiques de la « jeune génération » s'aiguise lorsqu'il est question de réformer l'enseignement du marxisme à l'université. Le groupe constitué autour de Špiro Galović et Petar Živadinović refuse l'introduction du marxisme comme unité d'enseignement à l'université. Ils subissent les attaques du Comité universitaire (Miloš Aleksić, Jagoš Purić, Danilo Marković, Radoš Smiljković et Mirjana Marković) représentant une ligne conservatrice et dogmatique. Lorsqu'il est question de l'enseignement du marxisme lors du plénum du Parti le 17 juillet 1985, les « réformistes » sont défaits. Par ses prises de position autoritaires et dogmatiques, Slobodan Milošević obtient l'appui des conservateurs, tant en Serbie, que dans les autres républiques.

Il poursuit son ascension dans la hiérarchie du Parti et en février 1986, il est élu, non sans opposition, président du comité central de la LC de Serbie. La présidence de cette instance se réunit le 25 janvier 1986 pour discuter des candidatures au poste de président du Parti. En fait, Ivan Stambolić n'a qu'un seul candidat en tête pour son remplacement, à savoir Slobodan Milošević. Néanmoins la procédure qui aurait dû se dérouler sans embûche prend une direction inattendue en raison de l'hostilité de certains membres du comité central à l'égard de la candidature unique de Slobodan Milošević. De ce fait, la réunion à huis clos dure plus longtemps que prévu : c'est la première fois dans l'histoire du Parti que l'élection de son principal dirigeant suscite autant de discussions[7]. Ses détracteurs (Dragoslav Marković, Jovan Deretić, Špiro Galović, Živojin Radojlović, Petar Živadinović, etc.) exigent plusieurs candidats à l'élection du chef du Parti, mais la Présidence collégiale,

---

5 Selon Dragoslav Marković, interrogé par Mirko Đekić, *op. cit.*, pp. 332-333.

6 Đukić S., *Kako se dogodio vodja*, p. 84.

7 Đukić S., *Između slave i anateme*, p. 35.

seule maître du vote, est gagnée au choix d'Ivan Stambolić (11 voix contre 9 selon Dragoslav Marković)[8]. Les voix des trois représentants du Kosovo sont primordiales pour l'adoption de l'unicité de la candidature[9]. Ensuite, l'unique candidat (Slobodan Milošević) est approuvé par 12 voix contre 8. Milošević obtient l'appui des « anciens » dirigeants (Nikola Ljubičić, Dobrivoje Vidić, Dušan Čkrebić, etc.). Le débat est mené entre les dirigeants de la Serbie étroite, ceux des Provinces autonomes demeurent neutres. Les interventions des autres membres du comité central n'ont aucun effet sur la décision des membres de la présidence. L'élection de Slobodan Milošević comme candidat à la présidence marque la défaite et la retraite politique de Dragoslav Marković qui a dominé la vie politique en Serbie au cours des années 70. La candidature de Milošević est confirmée par le comité central de la LC de Serbie le 26 février 1986, malgré les dernières tentatives d'opposition de Dragoslav Marković et de ses partisans. Alors que la LCY, et la LC de Serbie elle-même, se sont prononcées pour la multiplicité des candidatures, le Parti en Serbie opte pour une candidature unique.

La transformation idéologique de la Ligue des communistes de Serbie

En 1986, les dirigeants serbes sont déterminés à trouver une solution à la crise constitutionnelle qui affaiblit leur république. Depuis des années, ils tentent de négocier des changements avec leurs homologues des provinces autonomes. Ils avancent lentement vers l'élaboration d'un compromis. Face au nationalisme montant, il leur faut montrer que leurs revendications pour une république de Serbie unie ne s'inscrivent pas dans une stratégie nationaliste. Les responsables politiques des autres républiques observent avec méfiance les actions de leurs homologues serbes. Le président de la Serbie, Ivan Stambolić, est d'ailleurs considéré, par beaucoup d'entre eux, comme un nationaliste. En 1986, le Parti se retrouve confronté plus ouvertement au mouvement de contestation des Serbes du Kosovo, soutenu de plus en plus par les intellectuels de la capitale. Fin septembre-début octobre 1986, il est secoué par la publication des extraits du *Mémorandum* de l'Académie des sciences et des arts. Son sommet réagit alors fermement et condamne son contenu nationaliste. À partir de la révélation de ce document, l'élite communiste de Serbie se divise progressivement. Les divergences ne recoupent pas nécessairement la frontière entre les dogmatiques (ou les conservateurs)

---

8 Đekić M., *op. cit.*, p. 335.

9 *Ibid.*, p. 335.

et les réformistes, quand bien même les conservateurs sont plus enclins à soutenir le courant nationaliste. L'aile réformiste du Parti se déchire également autour de ces questions.

Slobodan Milošević est l'homme qui entreprend la transformation idéologique du Parti sur une base nationaliste. En 1987, la Ligue des communistes est divisée en deux groupes, le premier dirigé par Slobodan Milošević, affichant son attachement au titisme, dénonçant le nationalisme serbe, mais récupérant inexorablement les revendications des Serbes du Kosovo, le second par Ivan Stambolić, souhaitant établir l'unité de la Serbie tout en respectant les autonomies provinciales et les structures fédérales de la Yougoslavie. Le premier dispose de la présidence du Parti, tandis que le second a ses assises au Comité de la LC de Belgrade. La fracture entre ces deux courants se creuse et devient effective en septembre 1987. Les divergences concernent la méthode de travail et les moyens employés pour réaliser la politique du Parti ; la tension monte à propos de la désignation des cadres aux plus hautes instances de la LC de Serbie et les postes stratégiques devant servir à la consolidation et au contrôle du pouvoir, de l'appareil étatique et des médias. La question du Kosovo conduit le Parti à endosser la cause nationale serbe. En l'espace de quelques mois, le président de la LC de Serbie, Slobodan Milošević, renforce son pouvoir. Il récupère le mécontentement des Serbes et Monténégrins du Kosovo qui se sont organisés sur une base nationale et en dehors des rangs du Parti. À un moment où la légitimité de ce dernier est de plus en plus contestée, à cause de la profonde crise économique et sociale, il décèle dans la contestation des Serbes et Monténégrins du Kosovo une nouvelle énergie, exploitable dans le but de relégitimer le Parti et sa direction. Le plus extraordinaire est qu'il opère cette mutation du communisme vers le nationalisme avec le soutien de l'armée (dont les dirigeants sont fermement communistes et pro-yougoslaves) et du sommet de la Ligue des communistes de Yougoslavie. De septembre à décembre 1987, il écarte du Parti ses principaux détracteurs, dont le Président de la Serbie, Ivan Stambolić, qui a pourtant largement contribué à son ascension politique.

En 1988-1989, organisant des meetings de masse en soutien aux Serbes du Kosovo et à la nouvelle politique de centralisation de la Serbie, Slobodan Milošević orchestre une « révolution antibureaucratique » aux accents populistes. Les rassemblements se multiplient en Voïvodine, en Serbie centrale et au Monténégro : la direction politique de la province de Voïvodine, souhaitant préserver l'autonomie de cette province, est contrainte de démissionner à la suite de manifestations importantes à Novi Sad, les 5 et 6 octobre 1988 ; après un premier échec les 7 et 8 octobre 1988, des actions similaires à Titograd provoquent la chute des autorités monténégrines les 10 et 11 janvier 1989, au profit de partisans de Slobodan Milošević. Sous la pression des dirigeants de Belgrade, l'organisation communiste du Kosovo écarte en octobre 1988 les dirigeants Kaqusha Jashari et Azem Vllasi, considérés comme complaisants face au nationalisme albanais, suscitant des manifestations de contestation de la part des Albanais. La mobilisation populaire a pour objectif le contrôle par les Serbes de la province du Kosovo qui leur échappe, et peuplée de près de 90 % d'Albanais. Après avoir obtenu la démission de nombreux cadres politiques en Voïvodine, au Kosovo et au Monténégro, la direction de Serbie s'attaque ensuite à la transformation de la Constitution : des amendements réduisant l'autonomie des provinces sont adoptés officiellement le 28 mars 1989. Au Kosovo, consécutivement à de nouvelles manifestations albanaises, l'état d'urgence est décrété. Au cours de l'année 1989, les dissensions au sein de la Ligue des communistes de Yougoslavie se creusent, surtout entre les dirigeants des républiques de Serbie et de Slovénie. La crise se renforce lorsque la Serbie rompt ses relations économiques avec la Slovénie, après l'interdiction par les autorités slovènes d'un rassemblement de Serbes et Monténégrins du Kosovo à Ljubljana.

Dans la seconde moitié des années 80, l'argumentation pour l'unification ou l'unité de la Serbie passe de l'invocation de la nécessité de rationaliser les fonctions de l'État, afin d'atténuer la crise économique et sociale, à la volonté d'unifier le peuple serbe dans sa république. Ce principe d'unification, selon sa propre logique, ne peut se limiter à la seule Serbie, mais doit inclure, à plus ou moins brèves échéances, les territoires peuplés de Serbes en Croatie et en Bosnie-Herzégovine. D'ailleurs, dès l'été 1989, les nationalistes serbes, sans opposition de la part des dirigeants de Belgrade, exploitent la situation des Serbes de Croatie dans un sens séparatiste. La Ligue des communistes de Serbie adopte progressivement le contenu du *Mémorandum* de l'Académie des sciences et des arts qui dénonce le statut subalterne de la Serbie et des Serbes dans la Yougoslavie communiste. La politique de Slobodan Milošević aboutit à définir des ennemis partout (les « opportunistes » au sein de la LC de Serbie, les « autonomistes » de Voïvodine, les « séparatistes » albanais, puis slovènes, etc.), dans le but d'unir et d'homogénéiser les Serbes. L'idéologie nationale est l'instrument de la relégitimation du Parti et le moyen de renforcer son pouvoir. Alors que dans les différents pays socialistes d'Europe centrale et orientale, les partis communistes ne parviennent pas à enrayer leur érosion, en Serbie, le Parti réussit à dynamiser ses forces et à conforter ses positions à la veille de l'introduction du pluralisme politique et d'institutions caractéristiques de la démocratie représentative en 1990. Le mouvement national en Serbie peut être interprété comme une réaction à la position périphérique de cette république au sein de la Fédération yougoslave, ainsi qu'à la marginalisation et à la stagnation de son économie. La Serbie connaît un conflit entre des formes modernes de développement et le maintien de structures sociales archaïques. L'objectif des dirigeants serbes est de redéfinir le statut constitutionnel de la Serbie, ainsi que ses relations avec les autres républiques dans le sens d'une centralisation du pouvoir fédéral. L'ouverture de la question nationale serbe est favorisée par la crise économique et sociale, ainsi que par la faiblesse de l'État yougoslave, dont la cohésion n'est plus assurée à cause de sa fragmentation économique et politique. Dans le contexte de désintégration de la Yougoslavie en 1990-1991, les autorités serbes initient et encouragent la contestation armée des Serbes de Croatie et de Bosnie-Herzégovine, revendiquant le droit à l'autodétermination de ces populations.

L'intégration des Serbes dans un État unitaire

Si la responsabilité de la désintégration de la Yougoslavie n'incombe pas aux seuls dirigeants de Belgrade, il ne fait pas de doute que seule l'élite politique serbe a opté pour une stratégie militaire afin de réaliser ses objectifs politiques : préserver un État yougoslave rassemblant les populations serbes de la Fédération socialiste yougoslave. Dans le meilleur des cas, les dirigeants de Belgrade pensaient pouvoir maintenir dans un État yougoslave la Macédoine et la Bosnie-Herzégovine, outre la Serbie et le Monténégro. Pour la première fois depuis 1945, des dirigeants politiques européens ont planifié et réalisé des opérations militaires d'une haute intensité dans le but de prendre le contrôle de territoires devant figurer dans un État serbe unitaire.

L'agitation politique commence dès 1989 dans les territoires peuplés significativement de Serbes en Croatie, surtout dans la région de Knin, au moment de la célébration du Sixième centenaire de la bataille de Kosovo Polje (Champ des merles). En juillet 1990, une région autonome serbe de Krajina est constituée autour de Knin et les Serbes de cette région s'orientent vers la sécession de l'État croate, qui est proclamée en février 1991 (15,6 % seulement des Serbes de Croatie vivent en Krajina)[10]. Durant la même période, des exigences similaires sont avancées par les Serbes de Slavonie à l'est de la Croatie. Le séparatisme des Serbes de Croatie est largement motivé par la politique de minoration des Serbes menée par la Communauté démocratique croate (HDZ) de

10 Le territoire de la République de la Krajina serbe couvrait environ 14 000 km², soit près de 25 % de la superficie de l'État croate. Elle comptait 400 000 habitants approximativement.

Franjo Tuđman, au pouvoir depuis avril 1990 : la qualité de nation constitutive de la Croatie ne leur est plus reconnue ; la République de Croatie s'érige en État centralisé et unitaire laissant peu de place aux autonomies locales, ne se démarquant pas ainsi de la Serbie. Au printemps 1991, les incidents se multiplient, la Croatie bascule dans la guerre après la proclamation de son indépendance en juin 1991. Les autorités serbes de Croatie proclament leur indépendance sur des territoires où les Serbes sont nettement majoritaires (région de Knin par exemple) sur la ligne des anciens Confins militaires, mais aussi dans des régions où ils sont en position minoritaire (en Slavonie notamment)[11]. Les anciens Confins militaires peuplés substantiellement de Serbes constituent un enjeu stratégique majeur pour la Croatie, malgré un potentiel économique limité, dans la mesure où ces régions assurent sa continuité territoriale, leur perte entraînant son morcellement et la séparation de la Dalmatie du reste du pays. Les forces armées serbes prennent le contrôle d'un tiers de la Croatie : les combats provoquent la mort de près de 10 000 personnes et ont poussé 500 000 non-serbes sur les routes de l'exode.

En Bosnie-Herzégovine, les Serbes s'organisent également en régions autonomes à l'automne 1991 (Bosanska Krajina – 59,6 % de Serbes, Bosnie du nord – 26,6 % de Serbes, Semberija – 58,1 % de Serbes, Romanija – 60 % de Serbes, Herzégovine orientale – 70 % de Serbes). En octobre 1991, un parlement de la nation serbe de Bosnie-Herzégovine, composé des députés du Parti démocratique serbe (SDS), est institué. Le 7 avril 1992, la République serbe de Bosnie-Herzégovine est proclamée au moment où cette ancienne république yougoslave est reconnue indépendante sur le plan international. Les opérations militaires lancées par les dirigeants serbes bosniaques, reprenant à leur compte le programme national radical des Tchetniks formulé entre 1941 et 1945, ont pour objectif d'assurer la contiguïté des régions autonomes sous leur contrôle et l'homogénéisation de leurs populations par une politique de terreur et d'expulsion des habitants non-serbes[12]. Dans la logique nationaliste serbe, le nettoyage ethnique apparaît comme une étape inéluctable dans la mesure où la Serbie même ne compte que 66 % de Serbes. Le rattachement à la Serbie de nouveaux territoires peuplés de Serbes, mais aussi d'autres nationalités, aurait pour conséquence une chute de la proportion des Serbes qui ne formeraient

---

11 Roux M., « Guerre civile et enjeux territoriaux en Yougoslavie », in *Hérodote n° 63*, octobre-décembre 1991, pp. 34-35.

12 Sur les crimes commis dans la vague de nettoyage ethnique voir : *Le livre noir de l'ex-Yougoslavie : purification ethnique et crimes de guerre*, Paris, 1993 ; les différents rapports de Tadeusz Mazowiecki pour le compte des Nations unies.

pas une majorité numérique dans leur propre État. La conquête des territoires devant être intégrés à la future grande Serbie est réalisée au printemps 1992 : en moins de trois mois, les forces armées serbes ont pris le contrôle de 70 % de la Bosnie-Herzégovine. La conquête des villes et des villages a été accompagnée par l'assassinat systématique des dignitaires locaux croates et musulmans et le massacre de centaines de personnes. Les troupes paramilitaires serbes agissant sous le contrôle du ministère de l'Intérieur de Serbie effectuent les opérations de nettoyage ethnique partout en Bosnie-Herzégovine (à Bijelina, Zvornik, Prijedor, etc.). Des camps de détention et de transit (Keraterm, Trnopolje, Manjača, Omarska dans la région de Prijedor entre autres) sont créés dans le but d'organiser la déportation des non-Serbes vers les territoires contrôlés par les Croates et les Musulmans. De nombreuses exactions et crimes horribles y frappent les détenus musulmans et croates. Sur le plan de la propagande, les dirigeants serbes de Bosnie-Herzégovine, Radovan Karadžić (1945-) en tête, prétendent mener une guerre préventive contre les Croates et les Musulmans afin d'éviter de futurs massacres contre la population serbe.

Le président serbe commence à faire marche arrière en 1993 en acceptant le plan de paix Vance-Owen proposant le découpage de la Bosnie-Herzégovine en dix provinces (trois serbes, trois croates, trois musulmanes et une mixte autour de Sarajevo). Il se rend compte progressivement de la difficulté à réaliser et surtout à faire reconnaître une Serbie agrandie. De surcroît, les sanctions qui frappent la Yougoslavie (Serbie et Monténégro) depuis juin 1992 ont nettement affaibli l'économie du pays. En 1993, la Yougoslavie est touchée par l'hyperinflation et la paupérisation de ses habitants ne cesse de se généraliser. Ce changement de cap est confirmé en juillet 1994, lorsqu'il opte pour le plan de paix du Groupe de contact prévoyant 49 % du territoire de la Bosnie-Herzégovine pour l'entité serbe. Slobodan Milošević estime que les intérêts du peuple serbe sont désormais satisfaits. Les territoires de la grande Serbie sont ainsi revus à la baisse : la reconquête de la Slavonie occidentale, en mai 1995, et de la Krajina par l'armée croate au mois d'août 1995, ainsi que les pertes territoriales en Bosnie-Herzégovine ne suscitent pas de réactions autres que verbales de la part des autorités de Belgrade. Les stratèges de l'unification serbe semblent avoir largement sous-estimé les réactions des grandes puissances à moyen terme. Leur projet s'avère en grande partie irréaliste et irréalisable. L'exode de la population serbe de Krajina et de Bosnie occidentale est une conséquence de la politique belliciste élaborée en 1991. L'obtention d'un statut d'autonomie pour la Krajina par la voie de la négociation aurait évité un déracinement des Serbes installés dans cette région depuis plusieurs siècles. La Krajina qui se présentait comme un État (République serbe de la Krajina) aurait été sous la menace constante des forces armées croates et aucune vie normale n'aurait pu s'y dérouler : la Krajina était condamnée à demeurer une société militarisée.

À la fin du mois d'août 1995, Belgrade finit par prendre le dessus sur le centre politique des Serbes de Bosnie, affaiblis par les bombardements de l'OTAN, la défaite serbe en Krajina, l'appui apporté à l'armée bosniaque par les forces militaires de Croatie, ainsi que par des dissensions internes. Ce revirement conduit aux négociations de Dayton aux États-Unis entre les parties serbe, croate et bosniaque musulmane en novembre 1995 et à la signature de la paix à Paris le 14 décembre 1995. Les accords de Dayton entérinent ainsi la révision à la baisse du programme national serbe. L'unification du peuple serbe, telle que l'entendent les nationalistes, n'a pas été réalisée. La guerre a finalement provoqué un résultat contraire, à savoir une réduction sensible de l'éparpillement territorial de la population serbe, ainsi que sa concentration vers la Serbie.

La signature des accords de Dayton est présentée comme une victoire du président serbe, transformé en homme de paix. En fait, il s'agit bien d'une défaite. En effet, les territoires contrôlés par les forces serbes en Croatie sont perdus en août 1995 consécutivement à l'offensive de l'Armée croate. La République serbe de Krajina s'effondre en l'espace de quelques heures et plus de 150 000 Serbes sont contraints de prendre le chemin de l'exode. De même, en Bosnie-Herzégovine, de nombreux territoires contrôlés par l'armée serbe sont conquis par les armées croate et bosniaque durant l'été 1995. L'emprise du régime de Belgrade sur le territoire de ce qui était supposé devenir un État unitaire des Serbes s'est réduit significativement. En fait, ces événements tragiques pour les Serbes de ces régions révèlent avec acuité le cynisme de Slobodan Milošević, ainsi que le caractère utilitariste du nationalisme instrumentalisé en fonction des circonstances politiques et internationales. Après avoir lancé les Serbes de Croatie et de Bosnie-Herzégovine dans la guerre, le président serbe les abandonne sans aucun scrupule.

Entre 1991 et 1995, la population de Serbie n'a pas pris conscience des crimes qui ont été perpétrés par le régime de Slobodan Milošević en Croatie et en Bosnie-Herzégovine. Si la Serbie supporte le poids économique de la guerre, sa population masculine n'est pas mobilisée pour combattre en Bosnie-Herzégovine. Elle l'a été pour la guerre en Croatie, mais les autorités ont très vite été confrontées au refus de la majorité des hommes d'aller combattre pour la cause nationale, hormis les volontaires des groupes paramilitaires liés aux différents mouvements d'extrême droite. Si la guerre a été omniprésente dans les médias en 1991-1992, la population de Serbie n'a pas eu à la subir. Elle en fera l'expérience, dans d'autres circonstances, au printemps 1999, lorsque l'OTAN attaquera la Yougoslavie. Elle a accueilli comme un soulagement les accords de paix de Dayton, parce qu'ils ouvraient la voie, pouvait-on croire, à un retour à la normalité. Slobodan Milošević est devenu alors un interlocuteur incontournable des grandes puissances dans le processus de stabilisation de la région. En Serbie, les attaques et critiques de la politique occidentale ont provisoirement cessé. De fait, les États-Unis étaient désormais un allié du régime de Slobodan Milošević.

La normalisation est de courte durée. En effet, le régime de Slobodan Milošević est remis en cause sur deux fronts : d'une part, il est confronté à la montée en puissance de l'opposition démocratique qui remporte les élections locales en novembre 1996, et d'autre part, sa politique de coercition au Kosovo est combattue par l'Armée de libération du Kosovo. D'une logique de paix, le régime passe à nouveau à une logique de guerre en 1997-1998. Le conflit du Kosovo se distingue des guerres en Croatie et en Bosnie-Herzégovine dans la mesure où il se produit à l'intérieur des frontières de la Serbie et de la République Fédérale de Yougoslavie. Le territoire du Kosovo est sous le contrôle des forces armées serbes et yougoslaves depuis la reprise en main de la province par Belgrade en 1989. Depuis la suppression de l'autonomie de la province, deux souverainetés se télescopent au Kosovo. Le 2 juillet 1990, les députés albanais du parlement provincial ont autoproclamé la république du Kosovo dont la constitution a été adoptée clandestinement le 7 septembre 1990. Si les années 70 et 80 sont celles de l'albanisation des structures sociales et politiques du Kosovo, les années 90 voient la serbisation des institutions de la province. En réponse à cette reprise en mains par Belgrade, les Albanais ne reconnaissent plus les autorités serbes et développent des structures de pouvoir parallèles. Fin septembre 1991, ils se prononcent dans le cadre d'un référendum pour l'indépendance du Kosovo qui est proclamée par leur parlement le 19 octobre 1991. Le fossé entre les populations serbe et albanaise se creuse, le Kosovo est divisé en deux sociétés séparées. Dans la seconde moitié des années 90, la politique de résistance pacifique d'Ibrahim Rugova, président de la république du Kosovo autoproclamée, s'essouffle et est contestée.

Au Kosovo, l'initiative de la guerre ne revient pas tant aux autorités de Belgrade qu'à l'Armée de libération du Kosovo (UÇK) qui a multiplié les attaques contre les forces de police serbes à partir de 1996. L'UÇK remet ainsi en cause la ligne de résistance pacifique de la Ligue démocratique du Kosovo (LDK) qui n'a porté aucun fruit. Fin février 1998, alors que les provocations de l'UÇK se multiplient, les forces de police serbes entreprennent de nettoyer le principal foyer de la résistance armée albanaise situé dans la région de la Drenica. La stratégie de Slobodan Milošević repose exclusivement sur l'emploi de la force brutale pour détruire le "mouvement terroriste" (UÇK) et pour effrayer la population albanaise. Cette stratégie s'avère contre-productive du point de vue serbe. La violence des forces spéciales de la police et l'engagement de moyens disproportionnés par rapport à ceux des insurgés albanais entraînent l'intervention des grandes puissances occidentales qui exigent de la Serbie le retrait de ses forces de répression, ainsi que l'ouverture de négociations avec les représentants des Albanais. Tandis que l'UÇK prétend contrôler un tiers du Kosovo en mars 1998, ses bastions tombent les uns après les autres au cours de l'été 1998 marqué par une contre-offensive serbe. Les combats provoquent l'exode de 200 000 à 300 000 civils.

À l'automne 1998, alors que l'UÇK est sensiblement affaiblie, les grandes puissances redoublent leurs pressions sur Belgrade : un accord est ainsi signé le 13 octobre 1998 entre le président yougoslave, Slobodan Milošević, et Richard Holbrooke, émissaire du président américain, Bill Clinton. Il prévoit un cessez-le-feu, une diminution des effectifs des forces spéciales de la police serbe au Kosovo, le déploiement de deux mille observateurs internationaux dans le cadre d'une mission confiée à l'OSCE, le contrôle de l'espace aérien au-dessus du Kosovo par l'OTAN, l'organisation d'élections dans un délai de neuf mois. Malgré ce dispositif international, la violence se poursuit au cours de l'hiver. La découverte de 45 cadavres d'Albanais, le 15 janvier 1999, dans le village de Račak provoque une accélération de la gestion de la crise par les grandes puissances occidentales. Ces dernières lancent un ultimatum aux parties serbe et albanaise pour les conduire à négocier un plan d'autonomie. Ce dernier a été élaboré dans ses grandes lignes par l'ambassadeur américain à Skopje, Christopher Hill. Il prévoit une période intérimaire de trois ans au cours de laquelle les Albanais bénéficieraient d'une large autonomie politique. La province du Kosovo disposerait de ses propres institutions exécutives, législatives et judiciaires. Elle serait administrée provisoirement par une mission de l'OSCE, et des forces armées conduites par l'OTAN sous la bannière de l'ONU assureraient la sécurité. À la fin de cette période intérimaire une conférence internationale statuerait sur l'avenir du Kosovo sur la base de la volonté populaire. Le plan n'est à 80 % pas négociable et seuls quelques ajustements apparaissent possibles. De fait, il est difficile de parler de négociations : aucun accord n'est signé lors de la conférence de Rambouillet qui se tient du 6 au 23 février 1999, la délégation albanaise prétextant la nécessité de consulter sa base et les autorités serbes rejetant son volet militaire impliquant le déploiement de troupes de l'OTAN au Kosovo, mais également leur circulation à travers l'ensemble du territoire yougoslave (annexe B du plan). Ce dernier élément a été ajouté au plan de Christopher Hill pendant la conférence de Rambouillet laissant planer des suspicions quant à la volonté américaine d'aboutir réellement à un accord de paix, les bombardements contre la Yougoslavie étant déjà devenus à leurs yeux la solution à la crise. Lors de la reprise des pourparlers à Paris, le 15 mars 1999, la délégation yougoslave ayant parié sur le refus des Albanais de signer un accord de paix (paraphé, cependant, le 18 mars) non seulement rejette le volet militaire, mais également l'accord politique, indiquant ainsi qu'elle n'est pas prête à un compromis. La mission de la « dernière chance » menée à Belgrade par Richard Holbrooke, ayant échoué le 22 mars 1999, Javier Solana, secrétaire général de l'OTAN, donne l'ordre le 23 mars 1999 de lancer des « opérations aériennes » en République fédérale de Yougoslavie (premières frappes effectives dans la nuit du 24 au 25 mars 1999). Le chef de l'État Slobodan Milošević, inculpé le 27 mai 1999 pour « crimes contre l'humanité » ne cède pas après les premiers jours de bombardements comme l'escomptaient les grandes puissances qui ont manifestement sous-estimé sa capacité de réaction. En aucun cas, Slobodan Milošević ne s'est préparé à une guerre de courte durée. Une analyse plus sérieuse de la propagande de Belgrade aurait permis de conclure assez facilement que les dirigeants serbes étaient décidés à résister le plus longtemps possible aux forces de l'OTAN. Le président yougoslave, raisonnant encore dans les termes du monde bipolaire d'avant 1989, espère un soutien militaire de la Russie sur la base probablement des analyses erronées de son frère, Borislav Milošević, ambassadeur yougoslave à Moscou. En ordonnant le nettoyage ethnique du Kosovo, provoquant ainsi un flux massif de plus de 700 000 personnes déplacées vers les pays voisins : Macédoine et Albanie, mais aussi Monténégro, le président yougoslave complique la tâche de l'OTAN et déstabilise son voisinage balkanique immédiat. La campagne d'expulsion des Albanais est accompagnée d'une politique systématique de terreur (crimes, maisons détruites et incendiées, etc.) dont la KFOR et le Tribunal Pénal International pour l'ex-Yougoslavie (TPIY) ont découvert l'ampleur après leur entrée au Kosovo en juin 1999 : on estime à 10 000 le nombre de victimes des forces répressives serbes. Après onze semaines de guerre (plus de 10 000 frappes sur plus de 36 000 sorties aériennes), la Yougoslavie a fini par plier en acceptant le 4 juin 1999 les conditions du G8 (les sept pays les plus industrialisés et la Russie), reprenant dans des termes nuancés celles de l'OTAN. Un accord militaire entre l'OTAN et la Yougoslavie est signé le 9 juin 1999, prévoyant le retrait des forces armées serbes du Kosovo dans un délai de onze jours et le déploiement d'une force internationale de 50 000 militaires (KFOR – Kosovo Force) autorisé par une résolution du Conseil de sécurité de l'Organisation des

Nations unies (ONU) le 10 juin. Bien qu'ayant subi de lourdes pertes matérielles (casernes, dépôts de munition et d'essence détruits), l'armée yougoslave a subi des pertes humaines bien inférieures à celles déclarées par l'OTAN (de 5 000 à 10 000 soldats tués) : l'état-major yougoslave a déclaré la perte de 546 soldats, tandis que les forces de police serbes ont enregistré 136 victimes dans leurs rangs. Le retrait des forces armées yougoslaves du Kosovo a été l'occasion de constater que ses chars et véhicules blindés n'avaient pas été détruits par centaines comme le déclaraient les porte-parole de l'OTAN : entre 10 et 20 seulement ont été anéantis, les militaires yougoslaves s'étant montrés experts dans le camouflage de leurs armements et la confection de chars et pièces d'artillerie factices en carton, bois et plastique. Le Kosovo est désormais administré par l'ONU qui a pour mission de recréer des conditions de paix dans cette région meurtrie que plus de 130 000 Serbes ont quittée en juin et juillet 1999 par peur des représailles de la part de la population albanaise.

L'unification du peuple serbe souhaitée par les nationalistes n'a pu être réalisée et les échecs militaires ont finalement provoqué un rétrécissement de l'éparpillement territorial de la population serbe, ainsi que sa concentration vers la Serbie. La grande Serbie s'est réduite comme une peau de chagrin. Paradoxalement, la Serbie demeure après tous les conflits armés l'État le moins homogène de tout l'espace yougoslave sur le plan national[13]. Que reste-t-il aujourd'hui du projet d'unification des Serbes dans un seul et même État ? Ce projet est-il toujours d'actualité ? La revendication d'un État unitaire du peuple serbe figure toujours dans le programme de certains partis politiques, mais aujourd'hui, hormis le Parti radical serbe (SRS) et le Parti démocrate de Serbie (DSS), plus aucun mouvement politique ne fait référence activement à la grande Serbie ou à l'unification des « pays serbes ». L'idée d'unité des Serbes ne s'est pas éteinte pour autant, elle a pris d'autres contours. Il n'est plus tellement question d'unité nationale en termes territoriaux, mais plutôt en termes spirituels (*duhovno jedinstvo*). Le champ d'action du nationalisme serbe s'est sensiblement réduit : la Croatie a disparu des préoccupations nationales, seuls la Republika Srpska et le Kosovo (sa partie septentrionale principalement) pourraient figurer sérieusement dans un projet de « revendications irrédentistes ». L'ensemble des partis politiques, y compris ceux liés au régime de Slobodan Milošević, ont montré peu d'intérêt au cours des années 90 pour les Serbes hors de Serbie. Les circonstances les ont contraints à se concentrer sur les développements internes en Serbie (défense du régime/lutte pour la chute du

[13] On compte 65 % de Serbes en Serbie, le reste de la population étant constituée de minorités nationales (Albanais, Hongrois, etc.).

régime de S. Milošević). Les difficultés matérielles auxquelles est confrontée la nouvelle Serbie démocratique sont telles que ses autorités ne pourront mener une politique très soutenue, et surtout accompagnée de moyens financiers, à l'égard des Serbes de Bosnie-Herzégovine ou du Kosovo. De surcroît, la nécessité de coopérer avec les pays occidentaux, en particulier sur le plan économique, ne fournit pas aux nouvelles autorités une marge de manœuvre suffisante pour agir dans cette direction.

Les forces armées serbes avaient conquis près d'un tiers du territoire de la Croatie et y avaient constitué une entité étatique : la République serbe de Krajina (RSK). Elles ont été défaites en deux temps en 1995 : opérations « Bljesak » puis « Oluja » menées par l'Armée croate en mai et août 1995. Non seulement le mini-État serbe s'est effondré, mais la population serbe a été contrainte de quitter les territoires en question. Selon le témoignage de Hrvoje Šarinić, conseiller du président croate défunt, Franjo Tuđman, rapportant les propos de Slobodan Milošević, les territoires croates contrôlés par les Serbes n'entraient pas dans le projet à long terme d'expansion de la Serbie. L'objectif principal du programme fixé par Slobodan Milošević était le partage de la Bosnie-Herzégovine au profit des Serbes qui auraient contrôlé 66 % de son territoire. Alors que les Serbes représentaient 12,2 % de la population croate en 1991, ils sont estimés aujourd'hui à 3 % environ (moins de 150 000 personnes). En 1991, les Serbes de Croatie (580 762) représentaient 6,8 % du total des Serbes vivant dans l'espace yougoslave. En 2000, ils forment à peine 2 % de la totalité des Serbes. Les Serbes vivent principalement en Slavonie. En conséquence, la Croatie ne constitue plus un pôle de peuplement serbe important. Dans cette nouvelle configuration, la Serbie ne peut plus compter sur une population locale significative pour mener d'éventuelles opérations militaires. Les Serbes de Croatie forment un « peuple vaincu » et sont désormais marginalisés dans la vie politique du pays. De surcroît, ils sont divisés sur le plan politique. La question serbe ne peut plus se poser en termes territoriaux en Croatie, les Serbes étant dispersés à l'intérieur du pays. Il s'agit désormais d'une question de respect des droits des minorités nationales et de retour des réfugiés. Les Serbes disposent dans cette république des mêmes droits que les autres minorités nationales (Italiens, Tchèques, Slovaques et Hongrois).

La catastrophe a été moindre en Bosnie-Herzégovine qui constituait un pôle de peuplement serbe plus important que la Croatie. En effet, la population serbe y était beaucoup plus nombreuse (1 369 258 en 1991) ; elle représentait 31,4 % de la population totale de cette république et 16,1 % du total des Serbes vivant dans l'espace yougoslave. En 1992, l'armée de la Republika Srpska avait conquis 70 % environ du territoire de la Bosnie-Herzégovine avant de perdre du terrain en 1995. Les accords de paix de Dayton ont accordé 49 % du territoire bosniaque à l'entité serbe. La Republika Srpska compte aujourd'hui un million d'habitants environ. Elle constitue l'une des deux entités constitutives de la Bosnie-Herzégovine. Les Serbes de Bosnie-Herzégovine possèdent leurs propres institutions politiques : parlement, gouvernement et présidence. Leur position est largement moins compromise dans cette république. La population serbo-bosniaque forme désormais la seule communauté serbe significative vivant en dehors des frontières de la république de Serbie. L'ensemble des partis politiques serbes est attaché à l'identité de la RS et rejette une intégration trop poussée entre les deux entités du pays. Hormis le Parti radical serbe de RS, dépendant du SRS à Belgrade, défendant une ligne nationaliste extrême rejetant toute coopération avec la communauté internationale, considérée comme une "force d'occupation", les autres formations politiques se montrent plus ouvertes vis-à-vis des acteurs internationaux, y compris le SDS qui autrefois souscrivait à l'isolement de la RS.

Non seulement les territoires peuplés de Serbes en dehors de la Serbie se sont réduits, mais la Serbie, elle-même, a été de fait amputée d'une partie de son territoire après l'intervention de l'OTAN en 1999 qui s'est clôturée par la mise en place d'un protectorat militaire et civil (KFOR, ONU) au Kosovo. En 1991, on comptait 195 301 Serbes, soit 10 % de la population totale de la province du sud de la Serbie. En 2002, on estime que les Serbes qui y sont demeurés représentent une communauté de 90 000 à 100 000 personnes. Les Serbes vivent principalement dans le nord de la province dans la région de Kosovska Mitrovica contiguë à la Serbie (17 % du territoire du Kosovo), mais également dans des enclaves à l'intérieur de la province. Ils représentent environ 5 % de la population de la province yougoslave, qui compte quelque 2 millions d'habitants.

La dérive autoritaire du régime de Slobodan Milošević

Employer le terme totalitarisme pour caractériser ou qualifier le régime de Slobodan Milošević est excessif. Il s'agissait plus précisément d'un régime politique autoritaire ayant dérivé vers la dictature à partir de 1998 sans atteindre complètement ce stade, puisque les citoyens de Serbie ont définitivement rejeté cette perspective en octobre 2000 en provoquant le retrait du président yougoslave.

Les luttes électorales

Il serait erroné de croire que Slobodan Milošević a bénéficié d'un soutien sans faille de l'ensemble des citoyens serbes pendant la dernière décennie. Sa popularité a été en décroissant de 1987 à 2000. On ne peut pas comprendre le maintien au pouvoir des communistes, rebaptisés socialistes en juillet 1990, sans un bref retour sur la fin de la période communiste en Serbie. En effet, en adoptant la cause nationale en 1987, les dirigeants communistes de Belgrade sont parvenus à se relégitimer auprès de la population serbe. Tandis que la plupart des partis communistes s'épuisaient, tant à l'intérieur de la Fédération socialiste yougoslave que dans les pays du bloc soviétique, la Ligue des communistes de Serbie (SKS) est sortie de la léthargie et s'est dynamisée en s'appuyant sur l'idéologie nationale serbe. En conséquence, la rupture psychologique, plus que réelle, avec le communisme, s'est produite en Serbie en 1988-1989 lors de la campagne des grands rassemblements organisés en faveur des Serbes du Kosovo : ce mouvement national de masse a donné l'illusion de changements démocratiques profonds dans la société. En 1990, les héritiers des communistes, rassemblés dans le Parti socialiste de Serbie (SPS), apparaissent ainsi comme la principale force politique du pays : aux élections parlementaires du mois de décembre, ils obtiennent 46,1 % des voix, leur donnant 194 sièges de députés sur 250 (soit 77,6 % des mandats) ; Slobodan Milošević est élu, dès le premier tour, président de la république avec 65,34 % des voix. Ce dernier bénéficie d'un large soutien populaire et électoral de 1988 à 1990. Les années suivantes, ce soutien se réduit sensiblement dans le contexte du pluralisme politique. En décembre 1992, s'il gagne à nouveau l'élection présidentielle dès le premier tour (53,24 % des voix), il obtient un nombre de voix sensiblement inférieur à celui de 1990 : 2 515 047 contre 3 285 799. Le processus d'érosion du soutien au parti dominant s'accélère après la crise électorale de 1996-1997.

Résultats du Parti socialiste de Serbie aux élections législatives (république de Serbie) : 1990-1997

SPS	1990	1992	1993	1997
Nombre de voix obtenues	2 320 587	1 359 086	1 576 287	1 418 036*
Nombre de députés (sur 250)	194	101	123	110
Corps électoral	7 044 797	6 774 995	7 010 389	7 210 386**
% des voix par rapport au corps électoral	32,94	20,06	22,48	19,66

* En 1997, le SPS s'est présenté aux élections dans le cadre d'une coalition avec la Gauche unifiée yougoslave (JUL) et Nouvelle Démocratie (ND).

** En 1997, 57,4 % seulement des électeurs inscrits se sont prononcés.

De moins en moins populaire, il est alors affecté par une sérieuse crise de légitimité. Toutefois, il demeure l'organisation politique la plus puissante prise individuellement, en termes d'infrastructures et de militants, mais également sur le plan électoral jusqu'aux élections de septembre 2000.

Signe de faiblesse, depuis 1992, le Parti socialiste de Serbie n'est plus capable de gouverner seul : il est contraint de conclure des alliances pour s'assurer le contrôle du Parlement. En 1992-1993 et 1997-2000, il a opté pour une coalition avec le Parti radical serbe (SRS) de Vojislav Šešelj. En 1994, il a été sauvé par les quelques députés de Nouvelle Démocratie (ND) ayant quitté la coalition d'opposition DEPOS pour participer au gouvernement. Malgré cette faiblesse, le parti de Slobodan Milošević s'est maintenu au pouvoir et en a contrôlé tous les rouages (police, armée, médias étatiques, entreprises sociales, etc.). En Serbie, les conditions économiques et sociales n'ont influé que partiellement sur le choix des électeurs jusqu'aux élections fédérales et locales de septembre 2000. Cela explique la longévité du Parti socialiste au pouvoir malgré des difficultés économiques croissantes (chômage endémique, appauvrissement de la population, etc.). La vague d'hyperinflation qui touche le pays en 1993-1994 est à cet égard révélatrice. En l'espace de quelques mois, les citoyens de Serbie voient leur niveau de vie se dégrader considérablement : alors qu'en décembre 1992, le salaire moyen est de 132 marks allemands, au troisième trimestre de l'année suivante il n'est plus que de 34 marks. L'inflation atteint le taux de 432 % en juillet puis 1 881 % en août 1993, en janvier 1994, elle culmine à 313 millions pourcent. Les prix et les salaires se déclinent en milliards de dinars. En septembre, la Banque nationale de Yougoslavie imprime un billet de dix milliards de dinars. Bien que devenus millionnaires, les citoyens serbes ont un pouvoir d'achat s'amenuisant dramatiquement. Le dinar est supplanté par le mark allemand. Les rayons des magasins se vident, la grande majorité de la population est paupérisée et amenée à vivre dans des conditions précaires. Malgré cette épreuve, aucun sentiment de révolte ne se développe, aucun mouvement social n'émerge. Le Parti socialiste est maintenu au pouvoir lors des élections législatives de décembre 1993.

Produit social* per capita *en USD, 1990-2000
(RF de Yougoslavie sans le Kosovo)

Année	Produit social/hab.	Indice
1990	3 149	100
1991	2 889	92
1992	2 103	67
1993	1 473	47
1994	1 600	50
1995	1 702	54
1996	1 834	58
1997	2 031	64
1998	2 100	67
1999	1 699	54
2000	1 842	58

Revenu mensuel moyen en Serbie en DEM, 1990-2000 (sans le Kosovo)

Année	Revenu moyen	Indice
1990	752	100
1991	215	29
1992	132	17
1993	22	3
1994	164	22
1995	143	19
1996	234	31
1997	201	27
1998	167	22
1999	87	12
2000	90	12

Depuis 1990, le parti dominant ne basait plus tant son pouvoir sur la mobilisation des masses que sur la répression et la destruction des alternatives politiques et sociales. Ce pouvoir reposait sur l'État, son appareil idéologique, la police, l'armée et le charisme de Slobodan Milošević. N'ayant pas confiance dans l'armée qu'il a soumise à son autorité tardivement, en 1998, Slobodan Milošević a renforcé la police en la militarisant partiellement (introduction de grades d'officiers, armement lourd, etc.). Si la police ne comptait pas 100 000 hommes comme l'estimaient les opposants et les experts des questions de sécurité serbes, mais probablement deux fois moins, elle disposait d'équipements modernes et surtout de privilèges matériels. Le Service de sécurité (SDB) ou la police secrète constituait le principal appui de l'exercice du pouvoir du président serbe, puis yougoslave, tant dans la surveillance de l'opposition que dans les actions de guerre menées en Croatie, Bosnie-

Herzégovine et au Kosovo. Contrairement à ce qui a été souvent affirmé dans les médias occidentaux, le régime de Slobodan Milošević est loin d'avoir bénéficié d'un large soutien pendant les bombardements de l'OTAN. La vague de patriotisme qui s'est manifestée pendant la guerre ne s'est pas traduite par un renforcement de sa base sociale. Le rétrécissement de sa base électorale se poursuivait inexorablement, ce qui expliquait le raidissement et la nervosité du régime face à la contestation politique, ainsi qu'à la perspective de nouvelles épreuves électorales. Le SPS était soutenu par les couches les plus âgées (retraités) et inférieures de la population. Il obtenait plus de voix dans les milieux ruraux qu'urbains. Il s'appuyait principalement sur le charisme de Slobodan Milošević, président du parti. Aucun autre dirigeant n'apparaissait susceptible de le remplacer à la tête de l'organisation socialiste. Le SPS ne tolérait pas la contestation interne et était soumis à une discipline sévère. Aucun courant modéré ou libéral n'était en mesure de s'y exprimer, bien qu'il existât dans ses rangs des membres plus ou moins critiques à l'égard de la politique de Slobodan Milošević. Le large mécontentement de la population qui s'est développé depuis la crise électorale de l'hiver 1996-1997, au fur et à mesure que le pays plongeait dans la pauvreté, a finalement pu trouver une traduction politique en 2000.

Le maintien de l'État-Parti

En 1990, les anciens communistes ont accepté le jeu du pluralisme politique sans réelle conviction : certains idéologues de la Ligue des communistes de Serbie, rebaptisée Parti socialiste de Serbie (SPS) en juillet 1990, auraient préféré un « pluralisme sans partis politiques ». La nouvelle Constitution de la Serbie, adoptée le 28 septembre 1990, avant la tenue des premières « élections libres » de décembre de la même année, a établi formellement un système de représentation démocratique. Toutefois, elle a été élaborée uniquement par les socialistes qui ont ignoré l'opposition dans la rédaction de ce texte fondamental. De fait, les guerres menées en Croatie, puis en Bosnie-Herzégovine de 1991 à 1995 n'ont pas facilité le processus de démocratisation. Au contraire, elles ont favorisé la criminalisation des structures du pouvoir et de la société, et ont entravé la construction d'institutions démocratiques. La Serbie est demeurée un État-Parti où les anciens communistes contrôlaient tous les fondements du pouvoir. Le Parlement a été marginalisé et monopolisé par le parti dominant (SPS), le gouvernement s'assurant le gros du travail législatif, usurpant souvent les fonctions législatives de l'Assemblée nationale. Le partage des pouvoirs n'était que fictif, l'exécutif étant prédominant. Cette marginalisation de l'institution parlementaire et de l'opposition a souvent conduit les formations politiques démocratiques à agir en dehors des structures établies. L'élite dominante maintenait son monopole sur l'économie (80 % étant contrôlé par l'État) et freinait la privatisation des entreprises qui aurait conduit à la remise en cause de sa base matérielle. De nombreux ministres étaient également directeurs de grandes entreprises d'État ou du secteur social, souvent en position de monopole sur leurs marchés respectifs. Par ce biais, les partis au pouvoir (Parti socialiste, Gauche unifiée yougoslave) s'assuraient une supériorité financière face aux partis d'opposition dépourvus de moyens. De surcroît, une grande partie des citoyens de Serbie dépendait matériellement des finances de l'État (fonctionnaires, retraités, ouvriers payés par l'État dans les conditions de l'embargo économique, etc.). Cela n'était pas pour favoriser la construction d'un système politique pluraliste. La télévision d'État (RTS), censée informer les citoyens objectivement selon la loi, était entre les mains et au service de la coalition dite de gauche (SPS et JUL). Elle constituait un appareil de propagande efficace et redoutable pour stigmatiser tant les « ennemis intérieurs » qu'extérieurs du régime, les « traîtres à la nation », les opposants. Le régime s'appuyait également sur un système judiciaire à ses ordres, ainsi que sur un appareil policier impressionnant défendant les intérêts des principaux dirigeants. Dès le départ, le parti dominant avait montré qu'il ne se laisserait pas déborder en réprimant sévèrement, le 9 mars 1991, une manifestation de l'opposition dénonçant la mainmise du SPS sur la télévision d'État. Toutefois, au cours de la première moitié de la décennie, le recours à la répression est limité, le régime bénéficiant encore d'une certaine légitimité politique. Le régime utilisera son appareil répressif surtout après la crise politique de 1996-1997, provoquée par la tentative de falsification des résultats des élections locales donnant l'opposition gagnante dans une quarantaine de municipalités. La répression remet sérieusement en cause l'existence de champs libres d'expression politique et sociale qui avaient pu se maintenir ou avaient été tolérés : en fait, elle révèle la faiblesse du régime subissant une crise de légitimité. Elle prend diverses formes (nombreuses amendes visant les médias, arrestations des militants d'OTPOR, assassinats et recours à la violence, etc.) et a été nettement accentuée pendant et après la campagne de bombardements de l'OTAN. Le 26 mai 1998, le gouvernement serbe votait une nouvelle loi sur les universités remettant gravement en cause l'autonomie de cette institution[14]. De fait, les établissements universitaires étaient placés sous le contrôle des partis gouvernants. Cette initiative lancée dans les rangs dirigeants de la JUL

[14] La Serbie compte six universités d'État : Belgrade, Niš, Kragujevac, Novi Sad, Université des Beaux-Arts à Belgrade et Priština qui désormais ne dépend plus des autorités serbes.

était motivée par le fait que l'université de Belgrade est traditionnellement un lieu de contestation politique et sociale. Elle était consécutive à la grande mobilisation des étudiants de l'hiver 1996-1997. Elle visait à briser la résistance au régime dans les milieux universitaires, en particulier à Belgrade[15]. La loi sur l'information du 20 octobre 1998 fragilisait encore plus les médias indépendants. En avril 2000, le pouvoir avait annoncé une loi sur la protection de l'État afin de lutter prétendument contre le terrorisme. En fait, il s'agissait de fournir au régime un cadre pseudo-légal pour réprimer les organisations oppositionnelles, en particulier le mouvement OTPOR, stigmatisé comme "terroriste et fasciste", et les organisations non-gouvernementales présentées comme des « officines des services de renseignement occidentaux »[16]. Le Parti radical serbe (SRS) n'ayant pas soutenu ce projet de loi élaboré par la Gauche unifiée yougoslave (JUL), le gouvernement fédéral a été contraint de retirer sa proposition. Au cours de l'année 2000, le régime a mené une véritable guerre civile verbale contre les opposants.

La légitimation idéologique du régime

Le cercle dirigeant constitué autour de Slobodan Milošević et de son épouse, Mirjana Marković, a fait preuve de pragmatisme sur le plan idéologique tout au long de la décennie écoulée. En effet, le Parti socialiste de Serbie, a modifié à plusieurs reprises son discours politique et ses références idéologiques. Après s'être relégitimé en adoptant la cause nationale des Serbes du Kosovo (1987-1989), le SPS est apparu comme un parti modéré lors des premières élections libres en 1990, en particulier face au Mouvement serbe du renouveau (SPO) soutenant un programme nationaliste extrémiste. Au cours de la campagne électorale de décembre 1990, le SPS promet aux électeurs la paix et un « niveau de vie à la suédoise ». En 1991, le SPS endosse à nouveau la cause nationale serbe dans le contexte de la désintégration de la Fédération socialiste yougoslave en soutenant politiquement et militairement les Serbes de Croatie et de Bosnie-Herzégovine. Allié au Parti radical serbe (SRS), il maintient cette ligne nationaliste et belliciste jusqu'au début de l'année 1993. Ayant accepté le plan Vance-Owen en mai 1993, le SPS modifie son discours et se prononce en faveur de la paix et du retour de la R.F. Yougoslavie, fondée en avril 1992 et liant la Serbie et le Monténégro, dans la communauté internationale. Il rompt alors son alliance avec le Parti radical serbe, stigmatisé comme « extrémiste » et

[15] Plus de 200 enseignants ont dû abandonner leur poste à l'université de Belgrade. Le pouvoir a nommé 5 nouveaux recteurs et 67 doyens dans les universités de Serbie (dont 17 à l'Université de Belgrade).

[16] *Vreme*, 08.07.2000, pp. 6-8.

« fasciste ». La rupture avec les Serbes de Bosnie-Herzégovine provoque également de graves dissensions au sommet du SPS : les dirigeants refusant cette réorientation de la politique du SPS sont écartés de la direction ou exclus du parti (Borisav Jović, Mihailo Marković, etc.). La « politique de paix » du régime aboutit à la signature des accords de Dayton en décembre 1995 à Paris. Ce cap est maintenu jusqu'à la crise politique de l'hiver 1996-1997. De 1993 à 1996, le SPS a donc semblé vouloir appliquer des critères politiques plus rationnels en mettant l'accent sur le développement économique et la réintégration du pays dans la communauté internationale. À l'époque, Slobodan Milošević est reconnu par les grandes puissances comme le principal acteur politique de la R.F. de Yougoslavie, garant des accords de Dayton et de la stabilité régionale. Fondée en 1994, la Gauche unifiée yougoslave (JUL) dirigée par l'épouse de Slobodan Milošević, Mirjana Marković, aide le SPS à opérer ce revirement idéologique « pacifiste » en attaquant les détracteurs de sa nouvelle politique (dirigeants du SPS, etc.). Ancrée à gauche, la JUL permet au SPS ayant dévié à droite et collaboré avec l'extrême droite nationaliste entre 1991 et 1993 de se repositionner au centre-gauche de l'échiquier politique. À partir de 1998, le discours de la « coalition de gauche » évolue à nouveau non pas tant vers le nationalisme que vers un "patriotisme exacerbé" visant à sauvegarder le régime en place. L'objectif principal de la « coalition de gauche » est de « préserver le peuple, l'État et la liberté »[17]. Cette nouvelle orientation s'est accentuée en 1999 surtout pendant et après les bombardements de l'OTAN. Les références du discours dominant ne sont plus particularistes (destin de la nation serbe), mais s'inscrivent dans un cadre beaucoup plus large, celui de la politique mondiale. Le SPS ne mentionne plus les frontières de la Grande Serbie : dans son discours de clôture du IVe congrès du parti, Slobodan Milošević évoque la Serbie entre les rivières Timok (à l'est) et Drina (à l'ouest), sans renier toutefois son soutien aux Serbes de Croatie et de Bosnie-Herzégovine pendant la guerre de 1991-1995. Les ennemis ne sont plus les autres nations environnantes (Bosniaques musulmans, Croates, Albanais, etc.), mais les pays de l'OTAN et en premier lieu les États-Unis accusés d'hégémonisme, d'impérialisme et de colonialisme. Les socialistes au pouvoir présentent la Serbie comme un petit pays résistant au nouvel ordre mondial imposé par les États-Unis. Dans ce contexte, l'opposition démocratique est stigmatisée comme « traîtresse à la patrie », soutenant le « nouveau colonialisme » et les « colonisateurs occidentaux ».

---

[17] Discours de Slobodan Milošević pendant la campagne électorale de septembre 2000 : http://www.sps.org.yu/aktuelno/2000/sept/zavrsna.html.

Une opposition trop longtemps impuissante

Il serait faux de croire que la société serbe n'a pas résisté au régime autoritaire de Slobodan Milošević au cours de la dernière décennie. Les mouvements de contestation ont été multiples (mars 1991, juin-juillet 1992, juin 1993, novembre 1996-février 1997, octobre 2000) mais ils n'ont pas toujours été solidement relayés par les partis politiques, trop divisés, individualistes et opportunistes, surtout au cours de la première moitié des années 90. L'une des erreurs de l'opposition est d'avoir considéré trop longtemps qu'il était possible de battre le parti dominant uniquement sur le plan électoral, comme si la vie politique en Serbie se déroulait dans un cadre normal et que les tenants du pouvoir socialiste étaient prêts à respecter le choix des électeurs. L'opposition a été également caractérisée par un trop fort morcellement entravant toute entreprise sérieuse d'union. Ce n'est qu'en 1999 que les partis d'opposition ont compris qu'il fallait abandonner provisoirement les luttes partisanes internes à leur camp et constituer un front uni pour obtenir non pas une simple victoire électorale, mais la chute définitive du régime de Slobodan Milošević. De surcroît, nombre de partis, surtout entre 1990 et 1995, ont été tentés de concurrencer le Parti socialiste de Serbie (SPS) sur son terrain idéologique, en rivalisant avec lui à propos de la question nationale. La plupart des partis ont modifié à plusieurs reprises leur stratégie de conquête du pouvoir offrant ainsi l'image de formations politiques peu crédibles et inconstantes. Certains ont essayé de trouver un terrain d'entente avec le régime : ce fut le cas en particulier du Mouvement serbe du renouveau (SPO) de Vuk Drašković à partir de 1997, brouillant ainsi encore plus les repères de la vie politique.

Typologie des partis d'opposition

L'opposition peut être divisée grossièrement en deux tendances principales : la première nationaliste, la seconde démocrate et civique. Certains partis ont évolué d'une matrice à l'autre au cours de la décennie écoulée. L'appartenance à l'une de ces tendances n'exclue pas l'utilisation de référents propres à la seconde. Nous prenons en compte ici les aspects dominants des discours des différents acteurs de l'opposition. Au début des années 90, la première tendance est représentée en premier lieu par le Mouvement serbe du renouveau (SPO) né à l'extrême droite de l'échiquier politique avant de se transformer en parti de droite aux accents populistes, monarchistes et nationalistes. Paradoxalement, après avoir contribué à la mobilisation nationaliste, le SPO, présidé par l'écrivain Vuk Drašković, s'est opposé à la guerre conduite en Croatie et en Bosnie-Herzégovine. Il a soutenu toutes les initiatives internationales de paix entre 1992 et 1995. Le SPO a constitué la formation la plus puissante de l'opposition démocratique au cours de la dernière décennie : il a été l'ossature des coalitions d'opposition jusqu'en 1997 : DEPOS (Mouvement démocratique de Serbie), Zajedno (Ensemble). Consécutivement à l'éclatement de la coalition Zajedno, le SPO a modifié sa stratégie de conquête du pouvoir en proposant ses services au SPS dans le cadre d'un gouvernement d'union nationale. En janvier 1999, il obtient quatre postes de ministre au sein du gouvernement fédéral. Cette collaboration avec les partis du régime contribuera à le discréditer. Lors des élections de septembre et décembre 2000, le SPO a été complètement marginalisé. Le Parti démocrate de Serbie (DSS), présidé par Vojislav Koštunica, appartient également à cette première tendance et a aujourd'hui supplanté le SPO. Apparu en juillet 1992 à la suite d'une scission au sein du Parti démocrate (DS), les partisans de Vojislav Koštunica avaient souhaité rejoindre la coalition DEPOS dominée par le SPO, fortement ancrée à droite et soutenant la monarchie et l'Église orthodoxe serbe. Au printemps 1993, le DSS se brouille avec cette coalition lorsque le SPO se prononce en faveur du plan de paix Vance-Owen. La solidarité avec les Serbes de Bosnie-Herzégovine devient l'élément clé du discours du DSS. Lors des élections parlementaires de décembre 1993 en Serbie, le DSS se présente seul : il n'obtient que 218 056 voix (soit 5,1 %) et 7 députés. En 1994 et 1995, le DSS se rapproche sans réelle conviction du Parti démocrate ayant dévié de son programme d'origine et du Parti radical serbe (SRS) soutenant une ligne patriotique à propos de la Republika Srpska. En 1996, il accepte de participer sans réel investissement de sa part aux élections fédérales dans le cadre de la coalition Zajedno regroupant le SPO, le DS et le GSS. Toutefois, le DSS fait cavalier seul aux élections locales dans la plupart des communes. Lors du grand mouvement civique de l'hiver 1996-1997, le DSS ne participe pas aux grands rassemblements de l'opposition préférant marquer sa différence idéologique avec la coalition Zajedno. Vojislav Koštunica reproche aux dirigeants de Zajedno de privilégier les questions économiques et sociales plutôt que la question nationale. Ce positionnement particulier du parti aboutit à une crise interne sérieuse et à une scission : les détracteurs, emmenés par Vladan Batić, de la ligne fixée par Vojislav Koštunica fondent alors le Parti chrétien démocrate de Serbie (DHSS). En 1997, le DSS boycotte les élections parlementaires et présidentielle en Serbie avec le DS et le GSS avant de s'associer aux démarches unitaires de l'opposition en 1999-2000. Attaché aux valeurs nationales traditionnelles et à l'orthodoxie, le DSS représente le « versant national » de l'Opposition démocratique de Serbie (DOS).

Au début des années 90, la tendance démocrate et civique est représentée par le Parti démocrate (DS) estimant que la construction d'un ordre politique démocratique contribuera à atténuer les conflits interethniques. Les tenants d'une approche plus nationale quittent le parti en 1990 et fondent le Parti libéral serbe (SLS). Le DS est affecté par une seconde scission en juillet 1992 avec le départ du vice-président Vojislav Koštunica fondant le Parti démocrate de Serbie (DSS) pour rejoindre la coalition DEPOS. Présidé par le modéré Dragoljub Mićunović, le Parti démocrate connaît une évolution inverse à celle du SPO : de positions modérées à propos de la question nationale, il adopte à partir de 1993 une nouvelle ligne en faveur des indépendantistes serbes de Croatie et de Bosnie-Herzégovine. Cette transformation idéologique est opérée sous l'influence de Zoran Đinđić au lendemain des élections parlementaires tenues en Serbie en décembre 1993. Lors du « revirement pacifiste » de Slobodan Milošević concrétisé par l'acceptation du plan Vance-Owen en 1993 et le conflit entre les dirigeants de la Serbie et de la Republika Srpska (RS), le DS opte en faveur du soutien aux dirigeants serbo-bosniaques du Parti démocrate serbe (SDS). Au cours de l'année 1994, le DS propose un projet de confédération entre la République fédérale de Yougoslavie et la Republika Srpska au Parlement de Serbie. En décembre 1994, pour exprimer son soutien aux Serbes de RS, Zoran Đinđić se rend à Pale pour rencontrer les dirigeants du SDS et discuter de l'intégration de la RS à la Serbie. Une délégation du DS se rend une seconde fois à Pale en avril 1995. Le DS apparaît alors comme un parti ouvertement nationaliste : en 1994-1995, il se rapproche du Parti démocrate de Serbie (DSS) et du Parti radical serbe (SRS). Toutefois, le discours nationaliste du DS se distingue par son absence de références aux éléments traditionnels du nationalisme serbe (monarchisme, mouvement tchetnik) et son rejet des accents populistes propres au SPO ou au SRS. Le DS accepte la teneur du plan de paix de Dayton constituant, selon lui, une « bonne base pour la période d'après-guerre ». En décembre 1995, il crée avec le Parti démocrate de Serbie (DSS), le Parti libéral serbe (SLS), le Parti de l'assemblée populaire (SNS) un bloc de « partis démocratiques et patriotiques ». En fait, son orientation nationaliste est de courte durée et sa politique est qualifiée d'opportuniste. À partir de 1996, il n'entretient plus de relations sérieuses avec le parti de Radovan Karadžić : il ne met plus l'accent sur la question nationale et se concentre désormais sur la lutte pour la démocratie en Serbie. De tous les partis politiques de l'opposition, l'Alliance civique de Serbie (GSS) est la seule formation politique à s'être opposée clairement au nationalisme serbe et à la guerre. Depuis sa création, elle est demeurée attachée à son engagement citoyen en faveur des libertés individuelles. L'Alliance civique de Serbie a été fondée en novembre 1992 sous la forme d'une coalition de partis. Elle rassemblait initialement le Parti réformiste (RS), le Club républicain (RK), le Parti paysan populaire (NSS) et la Ligue des sociaux-démocrates de Voïvodine

(LSV). Les partis de la province de Voïvodine (LSDV et NSS) s'en sont détachés très rapidement estimant que leurs intérêts particuliers n'étaient pas suffisamment défendus dans ce cadre politique. L'Alliance civique s'est affirmée comme un parti à part entière lorsque les réformistes et le Club républicain ont fusionné dans une seule organisation. En 1996, l'Alliance a connu une scission : les contestataires conduits par Žarko Korać ont fondé l'Union sociale-démocrate (SDU). Le GSS a été présidé jusqu'en 1999 par la sociologue Vesna Pešić, également engagée dans le Centre pour l'action anti-guerre (CAA). Depuis, le parti est dirigé par le jeune juriste Goran Svilanović, devenu ministre des Affaires étrangères de la Yougoslavie en novembre 2000. Bien que constituant la seule alternative en termes idéologiques à la politique nationaliste ou populiste du régime, le GSS est demeuré une force politique marginale sur le plan électoral.

Nouveaux acteurs

Jusqu'à la crise électorale de l'hiver 1996-1997, les organisations non-gouvernementales ont joué un rôle secondaire dans la vie politique du pays, en particulier au sein du camp de l'opposition démocratique. Leur développement significatif depuis le mouvement civique de 1996-1997 est en fait la conséquence et le signe de l'échec des partis d'opposition à formuler une alternative sérieuse au régime autoritaire de Slobodan Milošević et à construire une stratégie solide de conquête du pouvoir. L'éclatement de la coalition Zajedno en 1997 a autant contribué à la prise de conscience des citoyens qu'ils étaient capables d'agir, que l'autoritarisme du régime. Certaines de ces organisations, en particulier OTPOR et le G 17 Plus, ont même pu apparaître comme des rivales pour certains partis de l'opposition démocratique en perte de vitesse en 1998 et 1999.

Le mouvement OTPOR (Résistance) est à l'origine un mouvement estudiantin contestataire ayant émergé à la suite du mouvement étudiant de l'hiver 1996-1997. Il existe formellement depuis le mois d'octobre 1998 : il s'est constitué au moment où le pouvoir soumettait l'université de Belgrade après avoir voté, en mai 1998, une loi supprimant l'autonomie des universités et les plaçant sous le contrôle des partis gouvernants. À l'époque, le mouvement ne comptait qu'une dizaine de militants. En 2000, il revendique plusieurs dizaines de milliers de membres dans plus de 120 localités ainsi qu'une vingtaine de bureaux dans les plus grandes villes du pays. Le mouvement se distingue par ses structures horizontales et l'absence de structure hiérarchique formelle. Tous ses membres ont des droits égaux et sont organisés en « équipes d'action ». Initialement mouvement étudiant, OTPOR s'est transformé en un mouvement populaire de résistance lors de son congrès tenu le 17 février 2000. L'emblème du mouvement, un poing blanc fermé sur fond noir, son nom, « Résistance », ses actions, ainsi que toute l'iconographie qui l'accompagne ne sont pas sans rappeler les mouvements contestataires d'extrême gauche ou d'orientation libertaire. Toutefois, sur le plan idéologique, le mouvement se prononce en faveur de la démocratie de type libéral. Dans sa déclaration sur l'avenir de la Serbie, il se prononce pour l'introduction d'un système politique basé sur les principes démocratiques, l'établissement de l'État de droit, le respect des droits de l'homme et des minorités nationales, l'ouverture sur le monde extérieur et en particulier sur les pays balkaniques, la coopération avec le Tribunal pénal international pour l'ex-Yougoslavie, l'établissement d'une économie de marché[18]. Concernant le Kosovo, OTPOR ne remet pas en cause le protectorat international tout en se prononçant pour le respect de l'intégrité territoriale de la R.F. de Yougoslavie. Le mouvement souhaite également une redéfinition des relations entre la Serbie et le Monténégro sur la base d'accords démocratiques. Son programme ne se distingue donc pas de celui de l'opposition démocratique. Seules la forme de ses actions et sa combativité contre l'autoritarisme du régime le distingue des partis d'opposition. OTPOR a toujours appelé à l'union des partis d'opposition pour défaire le régime de Slobodan Milošević. Au printemps 2000, la popularité du mouvement est telle qu'elle dépasse celle des partis d'opposition. Toutefois, il n'apparaissait pas capable de les supplanter ou de diriger seul la contestation. Le mouvement est devenu un acteur incontesté de la vie politique, en particulier dans le camp de l'opposition démocratique. Force de contestation la plus dynamique, elle est touchée plus lourdement par la répression : plusieurs centaines de ses militants sont interpellés et subissent des interrogatoires, plusieurs dizaines sont maltraités par la police. OTPOR est l'organisation d'opposition la plus efficace contre le régime autoritaire : ses nombreuses actions ridiculisent les dirigeants et la politique du régime. OTPOR s'investit dans la campagne électorale en août et septembre 2000 dans le but de mobiliser les jeunes électeurs.

Prolongement du G17, groupe d'économistes indépendants, le G17 Plus se présente comme un réseau d'experts dont le principal objectif est d'aider les citoyens de Serbie. Il rassemble des experts de domaines très variés (économistes, juristes, enseignants universitaires, ingénieurs, écrivains, etc.) à Belgrade comme dans la plupart des villes de Serbie. De par ses activités et projets, il œuvre à la promotion et à la concrétisation de l'idée de « société démocratique et ouverte ». Il assure également la

[18] Document adopté lors de son premier congrès le 17 février 2000.

promotion d'une « économie de marché moderne et de l'État de droit ». Son objectif est d'accélérer le processus de démocratisation en Serbie. Le G 17 Plus a notamment organisé plusieurs projets d'aide humanitaire et de développement avec l'aide de gouvernements occidentaux : « Énergie pour la démocratie », « Asphalte pour la démocratie », « Projets d'infrastructures urbaines ». Le G 17 Plus est loin de se cantonner à l'aide humanitaire. Au lendemain des bombardements de l'OTAN, il avait lancé le projet du « Pacte de stabilité pour la Serbie », prévoyant la mise en place d'un gouvernement de transition composé d'experts. Il demandait ainsi le retrait des dirigeants en place et des prétendants au pouvoir pour une période d'un an. Les principaux objectifs de ce pacte étaient de lancer la réforme économique et d'associer le pays au Pacte de stabilité pour l'Europe du Sud-Est, de proposer des solutions à la crise entre la Serbie et le Monténégro, ainsi que de préparer des élections libres à tous les niveaux[19]. Durant l'été 1999, le G 17 Plus est apparu comme une force de propositions et d'initiatives très dynamique et a semblé à bien des égards mener le mouvement d'opposition. La mobilisation des citoyens lancée par l'Alliance pour les changements (SZP) structurée autour du Parti démocrate étant retombée à l'automne 1999, le G 17 Plus s'est concentré sur ses projets humanitaires, tout en soutenant les initiatives d'unification des partis d'opposition. Il s'est à nouveau mobilisé dans l'arène politique pour la campagne électorale de septembre 2000. Le G 17 Plus a organisé de nombreux rassemblements à travers la Serbie pour convaincre les citoyens de la nécessité de participer aux élections. Ses experts ont rédigé un « programme de gouvernement pour la Serbie démocratique » qui a été adopté par l'Opposition démocratique de Serbie (DOS). Ce document prévoit la réintégration de la Yougoslavie et de la Serbie dans la communauté internationale, des réformes économiques radicales, de grands investissements dans les infrastructures du pays. Le G 17 Plus est certainement l'organisation non-gouvernementale la plus influente en Serbie. Il ne cache pas ses ambitions politiques : il constitue un réservoir non seulement d'experts, mais également de personnalités ministrables pour les futurs gouvernements démocratiques de la Yougoslavie et de la Serbie, ainsi que des communes gérées par l'opposition démocratique. En 2002, il s'est transformé en parti politique.

[19] Voir « Stability Pact for Serbia » signé le 18 juillet 1999 : http://www.g17.org.yu/english/stability/sp.htm.

Le 5 octobre 2000 : révolution ?

En juillet 2000, Slobodan Milošević fait amender la constitution yougoslave dans le but de se représenter à nouveau à la présidence yougoslave, mais cette fois-ci, au suffrage direct. Déconnecté des réalités sociales, il pense être réélu sans problème. Toutefois, le vent a tourné en Serbie, surtout dans les villes de province où le mécontentement de la population s'est accru, mais également dans les rangs des ouvriers qui ont soutenu globalement le régime au cours des années 90. Prétextant des fraudes électorales, tout comme en 1996, lors des élections locales, Slobodan Milošević tente de faire annuler le processus électoral. L'opposition démocratique lance alors un large mouvement de désobéissance civile à travers le pays : les voies de communication sont bloquées, les grèves se multiplient. Ayant retenu les leçons des précédents mouvements de contestation, les dirigeants de l'opposition sont déterminés à provoquer la chute du régime de Slobodan Milošević en convoquant, le 5 octobre 2000, un grand rassemblement dans la capitale Belgrade. Lors de cette journée historique, les manifestants, un demi-million de personnes environ, venus de tout le pays, prennent le contrôle du Parlement fédéral et du bâtiment de la télévision d'État (RTS). Le régime s'écroule comme un château de cartes, l'appareil répressif de Slobodan Milošević refusant d'obéir aux ordres les intimant d'utiliser la force contre les manifestants. Le 6 octobre, l'ancien président yougoslave reconnaît sa défaite et annonce se retirer provisoirement de la vie politique. Les socialistes serbes et leurs partisans à travers le monde ont interprété cet événement comme un « putsch organisé par la CIA ». S'il est indéniable que les Occidentaux ont appuyé financièrement les forces démocratiques serbes, le changement est venu de l'intérieur même de la société serbe. L'armée n'ayant pas eu l'intention de prendre le pouvoir, le terme de putsch est inapproprié. Il s'agit incontestablement d'un mouvement de contestation puissant ayant conduit au changement de l'ordre politique dominant.

Il y a dix ans, lors de la chute des régimes communistes en Europe de l'Est, la Serbie avait raté son rendez-vous avec la démocratie. Les élites politique et culturelle, ainsi que les citoyens dans leur majorité, avaient privilégié la question nationale à la question démocratique. Le retrait de Slobodan Milošević, le vendredi 6 octobre 2000, marque donc la fin d'un régime politique autoritaire et le début d'une phase de transition vers la démocratie. Les élections du 24 septembre 2000 et les événements qui ont suivi ont marqué un véritable tournant politique en Serbie. Un nouveau rapport de forces s'est instauré dans le pays. Le 24 septembre 2000, quatre scrutins différents étaient organisés : élections municipales, élections parlementaires fédérales, élection présidentielle fédérale et élections provinciales en Voïvodine. L'ensemble de ces scrutins ont vu la victoire de l'Opposition démocratique de Serbie (DOS). Néanmoins, la défaite de la coalition dite de gauche, réunissant le Parti socialiste de Serbie (SPS) et la Gauche unifiée yougoslave (JUL), apparaît plus nuancée et moins flagrante aux élections parlementaires fédérales. Le principal effet de ces élections est le recul significatif des partis liés au régime de Slobodan Milošević (SPS, JUL et Parti radical serbe – SRS) et du Mouvement serbe du renouveau (SPO), qui se situe dans le camp de l'opposition démocratique. Les trois grandes formations (SPS, SRS et SPO) qui ont dominé la vie politique du pays au cours de la dernière décennie, tant du côté du pouvoir que du côté de l'opposition, ont été largement défaites. Ces trois grands mouvements étaient caractérisés par leur recours au populisme et au nationalisme. En ce sens, leur défaite marque la fin, sinon le net affaiblissement de la « matrice nationaliste et populiste » des années 90. La politique entre désormais dans un nouveau cadre plus rationnel et tempéré où les débats porteront plutôt sur la réalisation des réformes économiques et sociales que sur la question nationale.

Le régime de Slobodan Milošević était confronté à une crise de légitimité depuis la crise électorale de l'hiver 1996-1997. Le large mécontentement de la population n'avait pas pu trouver une traduction politique et surtout électorale en raison du boycott par une grande partie de l'opposition démocratique (hormis le SPO) des élections générales de la fin 1997. Depuis les élections locales de novembre 1996, l'opposition (les partis de la coalition Zajedno) contrôlait une trentaine de communes, parmi les plus grandes villes de Serbie (Belgrade, Novi Sad, Niš, Kragujevac, etc.), représentant les deux tiers de la population du pays. Le 24 septembre 2000, elle a nettement amélioré son score, malgré les difficultés rencontrées dans la gestion de ces villes (les communes disposant de peu de prérogatives face au pouvoir central), puisque la DOS l'a emporté dans plus de 120 communes sur 189. Mais cette fois-ci, la victoire a été obtenue sans le SPO. Non seulement les villes gagnées en 1996 sont demeurées dans ses mains, mais de nombreuses communes gérées par les socialistes et les néo-communistes ont été conquises par elle. La victoire la plus éclatante s'est produite dans la capitale où la DOS compte 105 conseillers municipaux sur 110. La ville était gérée par un gouvernement minoritaire dominé par le SPO. Aujourd'hui, ce mouvement ne compte plus un seul élu dans la capitale yougoslave. Il a été largement marginalisé également dans les autres communes de Serbie. Principal parti à l'assemblée de la ville de Novi Sad avec 23 conseillers municipaux, le SPO n'en compte plus un seul après les élections du 24 septembre. Partout le SPO a été supplanté par la DOS, qui à elle seule incarne désormais le changement et la lutte contre le régime autoritaire de Slobodan Milošević. La coalition dite de gauche (SPS et JUL) ne se maintient que dans les communes des régions périphériques sous-développées dans le sud (Leskovac) et le sud-est de la Serbie (Aleksinac, Dimitrovgrad, Negotin). Le Parti radical serbe (SRS) a perdu la seule commune qu'il gérait, Zemun, dans la banlieue de Belgrade.

Les élections fédérales ont également été remportées par la DOS. Son candidat à la présidentielle, Vojislav Koštunica, obtient la majorité des suffrages dès le premier tour contre Slobodan Milošević. Aux élections parlementaires fédérales, la DOS devance également le SPS et la JUL, mais l'écart est dans ce cas moins important en nombre de mandats obtenus. La DOS compte 55 sièges à la Chambre des représentants contre 44 pour le SPS et la JUL sur les 108 sièges réservés à la Serbie (30 pour le Monténégro), tandis qu'à la Chambre des républiques, il obtient 10 mandats sur les 20 revenant à la Serbie contre 7 pour la coalition dite de gauche. Les résultats apparaissent donc plus équilibrés et en décalage par rapport aux résultats des autres scrutins. En effet, la DOS ne bénéficie pas d'une majorité absolue au Parlement fédéral (65 sièges sur 178), d'où la nécessité pour elle de conclure une alliance avec le Parti socialiste populaire du Monténégro (SNP), allié auparavant au parti de Slobodan Milošević.

Les élections pour le Parlement de la province de Voïvodine se sont déroulées les 24 septembre et 8 octobre 2000. La victoire de l'Opposition démocratique de Serbie est encore plus éclatante dans cette province du nord de la Serbie. La DOS et les autres formations d'opposition y ont obtenu 117 sièges sur 120. Le Parti socialiste de Serbie qui dominait cette institution depuis 1990 ne compte plus que deux députés et les radicaux n'en ont plus un seul. Les résultats de ce scrutin appellent une observation minutieuse en raison de l'existence d'acteurs politiques spécifiques à cette région de Serbie. En effet, les partis de Voïvodine rassemblés dans l'Opposition démocratique de Voïvodine (VDO) et participant à la DOS se sont vus attribuer 51 % des candidats sur ses listes électorales. Ils obtiennent le plus grand nombre de sièges (34) au Parlement provincial : il est à noter par ailleurs que l'Alliance des Hongrois de Voïvodine, bien que membre de la VDO et de la DOS a présenté certains candidats en dehors de ces coalitions et a obtenu au total 17 sièges. L'ensemble des formations politiques de Voïvodine obtient 59 sièges sur 120. Les forces politiques autonomistes marginales jusqu'à ces élections (Ligue des sociaux-démocrates de Voïvodine – LSV –, Parti réformiste démocrate de Voïvodine – RDSV –, etc.) sortent renforcées. La session constitutive du Parlement provincial s'est déroulée le 23 octobre 2000 : Nenad Čanak, président de la LSV, en a été élu

Président ; il occupe désormais la principale fonction politique de la province. Le gouvernement est dirigé par Đorđe Đukić du Parti démocrate (DS), seconde formation politique au Parlement provincial en nombre de députés (28 sur 120). Les autonomistes ont également élargi leur assise dans les communes. À Novi Sad, capitale de la province, la Ligue des sociaux-démocrates de Voïvodine (LSV) obtient 17 conseillers municipaux sur 80, les réformistes de Voïvodine (RDSV) 7. Dans la province, la DOS l'emporte aux élections locales dans 38 communes sur un total de 45.

L'insurrection du jeudi 5 octobre 2000 a conduit au retrait de Slobodan Milošević, mais pas à la chute définitive de son régime. En effet, la victoire de l'opposition démocratique, ce jour-là, a ouvert la voie à une transition politique négociée avec le Parti socialiste de Serbie (SPS) qui contrôlait encore les institutions de la République de Serbie (accord politique du 16 octobre 2000). De fait, le pays s'est retrouvé dans une phase transitoire confuse et la normalisation de la situation n'est intervenue qu'au début de l'année 2001, avec la formation d'un nouveau gouvernement, au lendemain des élections législatives du 23 décembre 2000. Il était important que le nouveau rapport de force politique trouve une traduction dans les institutions de Serbie. Malgré quelques résistances, le SPS a accepté le principe d'un gouvernement de transition reconnaissant ainsi la nouvelle donne politique. La formation du nouveau gouvernement a résulté d'un accord tripartite entre le SPS, le SPO et la DOS, qui ne comptait pas de députés au Parlement. La DOS n'a pas remis en cause le président de la Serbie, Milan Milutinović, élu en décembre 1997, son mandat prenant fin en 2002, car seul le président pouvait dissoudre l'Assemblée de Serbie.

Si la DOS a remporté la présidence fédérale, elle n'a pas obtenu la majorité absolue au parlement fédéral. Paradoxalement, afin d'éviter la formation d'un gouvernement pro-Milošević, la DOS a été contrainte de négocier le soutien d'un gouvernement de coalition avec les alliés monténégrins de Slobodan Milošević. Vojislav Koštunica a confié à Zoran Žižić, vice-président du Parti socialiste populaire du Monténégro (SNP), le poste de Premier ministre. La DOS n'a pas eu d'autre solution (outre la dissolution du Parlement et la convocation de nouvelles élections) que celle d'un compromis avec un partenaire peu fiable et surtout problématique pour l'entretien de bonnes relations avec les autorités politiques du Monténégro. En effet, le SNP ne représente que 1,5 % de l'électorat yougoslave et surtout, il n'est pas le porte-parole de la majorité monténégrine.

Le Parti socialiste de Serbie a subi une grave défaite électorale le 24 septembre 2000. L'entêtement de Slobodan Milošević à ne pas reconnaître la victoire de Vojislav Koštunica, dès le premier tour de l'élection présidentielle fédérale, a compromis l'avenir du SPS. Disposant d'un large réseau d'infrastructures et de comités locaux, le SPS voit sa base matérielle se réduire sérieusement : son financement ne pourra plus reposer sur les entreprises d'État qui étaient dirigées par ses cadres. Le SPS peut-il se transformer réellement en parti de gauche moderne ? La direction du SPS était divisée face à la victoire de la DOS : peu étaient favorables à la confrontation directe avec le peuple. Slobodan Milošević n'a donc pas obtenu le soutien qu'il souhaitait pour faire intervenir l'armée. Bien qu'à contrecœur, le SPS a reconnu le nouveau rapport de force politique et il n'était plus en mesure de freiner la marche vers la démocratie. La chute de Slobodan Milošević, le 5 octobre 2000, a provoqué de graves fissures au sein du SPS. L'alliance avec la Gauche unifiée yougoslave, sans réelle base électorale, a été jugée fatale pour le SPS et a été dénoncée par de nombreux cadres et comités locaux. En effet, depuis plusieurs années, le SPS avait renoncé à son programme politique initial et avait adopté celui de la JUL, partenaire pourtant beaucoup plus faible. Les dirigeants de ces deux formations ont annoncé qu'ils se présenteraient désormais séparément. Des fondateurs du parti et des anciens dirigeants ont lancé un appel pour que Slobodan Milošević et ses collaborateurs soient remplacés lors du congrès extraordinaire, tenu en novembre 2000, à cause de la crise profonde dans laquelle se situait le SPS. Cet appel a été signé, entre autres, par Borisav Jović, ancien président de la Yougoslavie, Zoran Lilić, ancien président de la RFY et conseiller de Slobodan Milošević, Mihailo Marković, idéologue du SPS dans la première moitié des années 90 et Milorad Vučelić, ancien directeur de la télévision d'État (RTS) et dirigeant du parti. Toutefois, ce cercle n'avait aucune prise sur l'appareil dirigeant qui ignorait ces critiques. Les changements intervenus à la tête du parti après le 5 octobre 2000 sont loin de signifier un changement de ligne politique. Sa direction n'a pas remis en cause le rôle néfaste de Slobodan Milošević. Certains de ses membres sont toujours en contact avec lui et reçoivent des consignes de sa part. Il n'existe pas à proprement parler de courant réformateur au sein du parti. Les « modérés » ne se distinguent que par leur rejet de l'alliance avec la JUL.

Autre grand perdant des élections, le Mouvement serbe du renouveau (SPO) sort déchiré de la débâcle. Lors de la réunion de son comité principal, le 22 octobre 2000, Vuk Drašković démissionnaire a été réélu président de l'organisation provoquant le mécontentement de nombreux cadres et militants. La direction du mouvement a été complètement renouvelée, mais elle comprend exclusivement des partisans de Vuk Drašković. Les citoyens ont sanctionné la mauvaise gestion des communes par le SPO (à Belgrade en particulier), ainsi que la politique de compromission avec le régime au cours de la période 1997-1999. La DOS trop contente de s'être débarrassée d'un allié aux revendications hégémoniques prétendant décider du destin de l'opposition n'a pas souhaité le repêcher après sa débâcle. Le SPO affaibli ne pourra se maintenir sans une remise en cause plus sérieuse de sa politique passée.

L'après-Milošević

Où en est la Serbie après la chute de Slobodan Milošević ? Affirmer que rien n'a changé reviendrait à se voiler la face, prétendre que tout a changé ne correspondrait malheureusement pas à la réalité. Les événements du 5 octobre 2000 ont permis une transition, une passation de pouvoir qui s'est étalé sur trois mois. Défaits aux élections de septembre 2000, les dirigeants de l'ancien régime ne se sont effacés qu'en décembre 2000. On n'a donc pas assisté à un effondrement total des structures du régime de Slobodan Milošević, le 5 octobre 2000. De surcroît, le nouveau président yougoslave, Vojislav Koštunica, a freiné et empêché les purges nécessaires, en particulier dans l'appareil de sécurité (armée et police). Il s'est opposé à la démission du chef de la Sécurité d'État serbe, le colonel Radomir Marković, ainsi que du chef d'état-major des forces armées yougoslaves, le général Nebojša Pavković. Se prévalant du légalisme pour en réalité défendre l'héritage nationaliste de la décennie passée, Vojislav Koštunica, est l'homme qui, tout en incarnant les changements démocratiques, assure la continuité avec le passé immédiat.

Les élections législatives du 23 décembre 2000 ont mis fin à une période de confusion et de dualité du pouvoir en Serbie après la chute de Slobodan Milošević. En effet, l'Opposition démocratique de Serbie (DOS) a largement remporté le scrutin en obtenant 176 mandats sur 250. Le Parti socialiste de Serbie constitue désormais la principale formation d'opposition avec 37 députés. Laminée aux élections de septembre, l'extrême droite s'est relevée puisque le Parti de l'unité serbe (SSJ), créé par le chef paramilitaire Željko Ražnatović dit Arkan, assassiné en janvier 2000, et le Parti radical serbe (SRS) ont obtenu respectivement 14 et 23 sièges au Parlement. Le nouveau gouvernement serbe, constitué le 25 janvier 2001 et dirigé par Zoran Đinđić, a ainsi pu ouvrir la voie des réformes économiques et sociales. Toutefois, la situation politique n'en est pas moins complexe. L'Opposition démocratique de Serbie, qui a conservé son nom bien qu'étant majoritaire, est une coalition hétérogène rassemblant dix-huit mouvements qui se sont unis dans le but d'obtenir la chute du régime de Slobodan Milošević. Ses protagonistes sont conscients des différences idéologiques et programmatiques qui les divisent, mais ils ont également conscience que l'unité de la DOS est nécessaire jusqu'à l'instauration d'un système politique démocratique stable en Serbie. De fait, la DOS comprend une droite et une gauche politiques : les partis de droite sont rassemblés au sein de l'Alliance pour les changements (SZP), structurée autour du Parti démocrate de Zoran Đinđić, à laquelle il faut rattacher le Parti démocrate de Serbie (DSS) de Vojislav Koštunica ; les partis de gauche sont présents essentiellement dans l'Alliance des partis démocratiques (Ligue des sociaux-démocrates de Voïvodine, Parti réformiste démocrate de Voïvodine (RDSV), Union sociale-démocrate (SDU), etc.), dont le parti Sociale-Démocratie (SD) se déclare proche. Dans ce contexte, la coalition DAN (Centre démocratique, Alternative démocratique et Nouvelle démocratie) occupe le centre de l'échiquier. Des différences sont apparues à propos du cours des réformes, de leur ampleur et de leur application. À côté de ce clivage politique classique entre libéraux et sociaux-démocrates, des dissensions ont émergé à propos des structures politiques et administratives de la Serbie qui doivent être réformées. Les partis autonomistes de Voïvodine se sont prononcés pour le rétablissement d'un pouvoir exécutif et législatif dans la province du nord. À l'intérieur de cet ensemble hétéroclite, le Parti démocrate (DS) et le Parti démocrate de Serbie (DSS) sont les deux formations les plus puissantes. Le DS compte le plus grand nombre d'élus par rapport aux autres formations politiques, en particulier dans les grands centres urbains (Belgrade, Novi Sad, Niš, etc.). Mais bénéficiant de "l'effet Koštunica", le DSS est désormais l'une des principales forces politiques du pays selon les enquêtes d'opinion. La DOS est traversée également par une ligne de fracture à propos du traitement de la question nationale serbe. Le parti du président yougoslave, Vojislav Koštunica, s'inscrit toujours dans une approche nationale très prononcée, au contraire des autres partis de la coalition gouvernementale. D'ailleurs, ce n'est pas par hasard que de nombreux membres de l'ancien parti dominant ont rejoint ses rangs après octobre 2000.

Les tensions se sont multipliées au sein de la DOS au cours de l'année 2001, provoquées principalement par la rivalité entre le chef du gouvernement serbe, Zoran Đinđić, homme pragmatique ouvert sur l'Occident, et le président yougoslave beaucoup plus critique vis-à-vis des pays occidentaux. Étant crédité d'une forte popularité dans les sondages, le DSS a revendiqué plus d'influence au sein du gouvernement serbe et aurait souhaité provoquer des élections anticipées. Bien que formellement lié à la DOS, le parti du président yougoslave a quitté le gouvernement serbe, le 17 août 2001, et a constitué son propre groupe parlementaire à l'Assemblée de Serbie. De fait, cette organisation politique se comporte comme un parti d'opposition vis-à-vis du gouvernement de Zoran Đinđić. La DOS n'existe plus que sur le papier.

Si le 5 octobre 2000 constitue bien un tournant dans l'histoire de la Serbie contemporaine, il ne s'agit pas pour autant d'une rupture totale avec les structures de l'ancien régime. Les structures du système Milošević ne sont pas complètement démantelées ou purgées. C'est le cas, en particulier, des forces de sécurité (armée et police), dont des pans entiers sont liés à la criminalité. Le gouvernement serbe était-il réellement capable, en octobre 2000, de nettoyer l'appareil de sécurité sans provoquer de fortes résistances qui auraient pu remettre en cause la démocratisation du pays ? En novembre 2001, la mutinerie de l'Unité des opérations spéciales (JSO), dont les combattants sont connus sous le nom de « Bérets rouges », constitue le premier avertissement sérieux au gouvernement serbe. Entre octobre 2000 et janvier 2001, aucun changement n'intervient à la tête des services de sécurité : leur chef, Rade Marković, a le temps de détruire les fichiers compromettant les dirigeants de l'ancien régime et ses propres services. Impliqué dans la tentative d'assassinat du chef du SPO, Vuk Drašković, en octobre 1999, il est néanmoins emprisonné en février 2001, puis condamné à sept ans de prison en janvier 2003. L'assassinat du Premier ministre serbe, Zoran Đinđić, le 12 mars 2003, révèle de façon dramatique l'imbrication des milieux mafieux et des forces de sécurité. De fait, de nombreuses activités illicites ont été développées au cours des années 90 par les forces de police. Le gouvernement serbe n'a pas osé, en novembre 2001, démanteler l'Unité des opérations spéciales de la police qui avait protesté contre l'arrestation de personnes inculpées par le TPIY. Cette unité, fondée en mai 1991 et composée de quelques centaines d'hommes, était le bras armé du Service de sécurité serbe, la police secrète. Elle a été impliquée dans les plus sales opérations guerrières en Croatie, en Bosnie-Herzégovine et au Kosovo, mais également dans les assassinats politiques et règlements de compte mafieux. Consécutivement à son mouvement de révolte en novembre 2001, elle est placée sous la responsabilité du Département de la sécurité publique du ministère de l'Intérieur, puis celle du ministre concerné. Elle est quelque peu marginalisée, le gouvernement privilégiant la Gendarmerie nouvellement formée. Milorad Luković, dit Legija (Légion), reste le maître de cette unité y compris après avoir démissionné de son commandement en 2001[20]. Se sentant menacées par le nouveau pouvoir, ces structures criminelles héritées du régime Milošević passent à l'action au début de l'année 2003 espérant provoquer un coup d'État devant profiter aux « forces patriotiques ». Une première tentative d'assassinat vise le Premier ministre serbe le 21 février lorsqu'un camion se met brusquement en travers de la route empruntée par son escorte pour le conduire à

[20] Son surnom provient de son service dans la Légion étrangère française.

l'aéroport de Belgrade. Le 12 mars, il est atteint de deux balles alors qu'il se trouve dans la cour du siège du gouvernement. L'état d'urgence est proclamé par la présidente de la Serbie par intérim, Nataša Mićić, présidente de l'Assemblée de Serbie. Le gouvernement serbe accuse le gang de Zemun, comptant 200 personnes environ, et Milorad Luković d'être à l'origine de l'attentat meurtrier. Une large rafle contre le crime organisé est menée en mars et avril 2003 : plusieurs milliers de personnes sont interpellées et en avril 2003 on compte plus de mille personnes maintenues en détention, dont Jovica Stanišić, Franko Simatović, Nebojša Pavković, respectivement anciens chefs du Service de sécurité d'État, des « Bérets rouges », de l'état-major de l'armée yougoslave. L'auteur présumé de l'assassinat a été arrêté, il s'agit de Zvezdan Jovanović, officier de la JSO. Son arrestation ainsi que celle de plusieurs commandants de cette unité ont permis d'éclaircir d'autres assassinats, y compris celui de l'ancien président de la Serbie, Ivan Stambolić, qui avait disparu depuis août 2000. La police serbe estime que Slobodan Milošević est le commanditaire de cet assassinat. Parallèlement à cette traque policière, l'appareil judiciaire a été partiellement purgé (35 juges renvoyés) pour préparer les procès contre la mafia. De fait, ces opérations policières contre la mafia ont été présentées par la coalition gouvernementale comme la poursuite de l'action de la révolution du 5 octobre 2000.

S'il est un domaine où les choses ont clairement changé, c'est celui de la diplomatie. Isolée depuis 1992, la RF de Yougoslavie a pu réintégrer la communauté internationale. Elle est devenue membre des Nations unies et a été admise à l'OSCE en novembre 2000, au FMI en décembre 2000 et a adhéré à la Banque mondiale en mai 2001. L'Union européenne est intervenue activement pour réinsérer le pays dans le concert des nations. La RF de Yougoslavie a par ailleurs normalisé ses relations avec ses voisins immédiats (Bosnie-Herzégovine, Macédoine, Albanie, Slovénie). L'une des conditions de la réintégration pleine de la Serbie dans le système des relations internationales a été la mise en place d'une coopération entre la RF de Yougoslavie d'une part, et le Tribunal pénal international pour l'ex-Yougoslavie de la Haye (TPIY), d'autre part. Afin de répondre partiellement aux attentes des pays occidentaux, le 1er avril 2001, le gouvernement serbe a procédé à l'arrestation de l'ancien président serbe et yougoslave, Slobodan Milošević. Ce dernier a été livré par le gouvernement serbe, le 28 juin 2001, au TPIY à la veille d'une conférence de donateurs devant attribuer des crédits à la RF de Yougoslavie et, plus particulièrement, à la Serbie, pour un montant de 1 280 000 de dollars. L'arrestation et le transfèrement de Slobodan Milošević au TPIY ont creusé les fractures au sein de la DOS, entre le courant nationaliste, représenté par le Parti démocratique de Serbie du président yougoslave, Vojislav Koštunica, et les autres formations de la coalition. Le président yougoslave a qualifié de "coup d'État" le transfert à la Haye de son prédécesseur.

Les nouvelles frontières de la Serbie ?

Paradoxalement, après de nombreuses années de conflits pour l'extension de ses limites géographiques, la Serbie ne sait plus où sont ses propres frontières. Une partie de son territoire, le Kosovo, vit sous un protectorat international, supervisé par l'ONU et l'OTAN. Le Kosovo fait toujours partie de la RF de Yougoslavie, à savoir de la nouvelle union entre la Serbie et le Monténégro, établie le 14 mars 2002, sous l'égide de l'Union européenne. Toutefois, ce territoire n'est pas intégré sur le plan institutionnel, ni à la Serbie, ni à l'union serbo-monténégrine. L'objectif de l'ONU est d'y établir une « autonomie substantielle », la question du statut définitif étant repoussée à des jours meilleurs. L'accord du 14 mars 2002 prévoit qu'en cas de séparation de la Serbie et du Monténégro, la résolution 1244, définissant la position juridique du Kosovo, s'appliquera à la Serbie, en tant que successeur de la RF de Yougoslavie. Mais est-il dans l'intérêt de la Serbie de préserver le Kosovo dans ses frontières ? La Serbie doit-elle s'investir dans un combat perdu d'avance pour garder un territoire, certes important sur le plan historique et symbolique, mais aujourd'hui peuplé majoritairement d'Albanais qui lui sont fermement hostiles ? À la question du Kosovo s'ajoute celle de l'avenir de l'État serbo-monténégrin. Depuis 1997, la République fédérale de Yougoslavie ne fonctionnait plus. Les autorités monténégrines conduites par le président Milo Đukanović et le Parti démocratique des socialistes (DPS CG), opposés au régime de Slobodan Milošević, ne reconnaissaient plus la légitimité des institutions fédérales. L'arrivée au pouvoir de l'opposition démocratique serbe en octobre 2000 n'avait pas suffi à améliorer les relations entre les deux républiques. Les nouvelles autorités fédérales et le président yougoslave en particulier, auraient pu prendre des initiatives dès les premières semaines de leur mandat visant à détendre la situation, en annulant les amendements votés en juillet 2000 à la faveur de Slobodan Milošević, qui réduisaient l'égalité entre les deux unités fédérées. Coincées au niveau fédéral avec les anciens alliés monténégrins de Slobodan Milošević, elles n'ont pas réellement cherché à rétablir la confiance entre les deux parties. Ni la Serbie, ni l'Union européenne, ne sont parvenues à convaincre les autorités monténégrines de procéder à une « transformation démocratique » de la Fédération yougoslave. L'accord du 14 mars 2002 n'a fait que traduire en termes politiques et institutionnels la situation prévalant entre les deux républiques. Le Monténégro n'a pas perdu son autonomie politique et a préservé son indépendance économique. Cette union a été définie pour une période de trois ans. Elle a permis à l'Union européenne de gagner du temps dans la gestion de la question du Kosovo. Il aura fallu plusieurs mois aux acteurs politiques serbes et monténégrins pour s'accorder sur la nouvelle charte constitutionnelle du pays. Ce n'est que le 4 février 2003, que la RF de Yougoslavie a cessé d'exister et a été rebaptisée « Serbie-Monténégro ». Mais à un État bancal ne fonctionnant pas correctement, les citoyens serbes seront tentés de se prononcer en faveur de l'indépendance de leur république. Cela est d'ailleurs devenu la revendication du G17 Plus qui estime que l'adhésion à l'Union européenne sera plus facile dans ce cadre étatique simplifié. D'ailleurs, n'est-il pas normal, qu'après l'échec de l'expérience yougoslave, les deux seuls États indépendants avant la création du Royaume des Serbes, Croates et Slovènes en 1918, recouvrent leur souveraineté et leur indépendance. Il appartient aux dirigeants serbes de tirer les leçons des treize années de règne de Slobodan Milošević et de trouver le courage de renoncer clairement au Kosovo, mais pas à la défense des droits des Serbes qui y demeureront, ainsi qu'à la « matrice yougoslave ».

Conclusion

Faut-il voir dans la persistance de la quête d'un État unitaire des Serbes un « exceptionnalisme serbe » en Europe ou plutôt un décalage dans le temps (un déphasage chronologique) par rapport aux expériences passées de l'Europe occidentale ? Les Serbes auraient-ils une propension naturelle à s'adonner à la violence, à la barbarie, comme ont tenté de le faire croire des chercheurs en sciences sociales ou des intellectuels balkaniques, en faisant notamment du nettoyage ethnique une pratique spécifiquement serbe ? La violence est-elle une fin en soi ou un moyen pour réaliser des objectifs politiques précis ? Par qui est-elle pratiquée et surtout ordonnée ?

La permanence, ou sinon le retour par intermittence du projet national serbe, s'explique par le fait que la Serbie n'est jamais parvenue à consolider son propre État national, malgré les grands discours affirmant le contraire. De même, les différentes communautés serbes (de Serbie, Croatie, Bosnie, Herzégovine, etc.) n'ont jamais été réellement intégrées dans une même nation. L'attitude des Serbes de Belgrade, pendant les années 90, à l'égard des réfugiés serbes de Bosnie-Herzégovine a illustré la distance existant entre les différents Serbes. La politique nationale serbe au XIXe siècle a pour objectif la libération des Serbes demeurés dans l'Empire ottoman et leur agrégation à la Serbie. La Serbie projetée par ses dirigeants doit comprendre la Bosnie-Herzégovine, le Monténégro et le nord de l'Albanie (selon le *Načertanije*). L'impérialisme de l'Autriche contraindra la Serbie à renoncer provisoirement à la Bosnie-Herzégovine et au nord de l'Albanie. En conséquence, la politique nationale est réorientée vers le sud, le Kosovo et la Macédoine. Plutôt que de se construire en direction de l'ouest et du sud-ouest, la Serbie moderne se développe sur un axe nord-sud, correspondant aux vallées de la Morava et du Vardar. Au lendemain de la reconquête du Kosovo et de la Macédoine, la Serbie réelle correspond-elle à la Serbie projetée ou imaginée ? La Première Guerre mondiale conduira les dirigeants serbes à changer d'échelle territoriale en passant de la logique unitaire serbe à celle de la formation d'un grand État des Serbes, Croates et Slovènes. La Serbie se fond alors dans le nouveau royaume, dont les frontières intérieures ne respectent pas celles des provinces historiques. La Serbie ne réapparaît qu'en 1945, dans le cadre de la Fédération yougoslave communiste, mais son territoire est divisé en trois entités distinctes (Serbie étroite et les provinces autonomes du Kosovo et de la Voïvodine). Cette fragmentation institutionnelle est en grande partie à l'origine de la mobilisation nationale serbe au cours des années 80. Au moment de la désintégration de la Yougoslavie, les élites politiques et culturelles serbes reviennent aux projets nationaux antérieurs, ceux de la période pré-yougoslave. Toutefois, au flou des frontières et des identités du XIXe siècle ont succédé de nouvelles entités politiques et identités nationales, plus ou moins clairement établies. Ce qui était du domaine du possible un siècle plus tôt, ne l'est plus à la fin du XXe siècle. De nombreux Serbes ont pensé et pensent encore leur nation comme une entité homogène, ne parvenant souvent pas à faire la distinction entre les autorités politiques qui les gouvernent d'une part, et la nation d'autre part. Dans cette logique, critiquer la politique de l'État revient à dénoncer la nation serbe. Société longtemps homogène, caractérisée par une forte culture de l'autoritarisme, la Serbie n'a pas su développer les mécanismes d'une société pluraliste où l'individualisme peut s'exprimer pleinement.

La Serbie moderne émerge au début du XIXe siècle sous la forme d'une principauté autonome, demeurant vassale de l'Empire ottoman. Elle ne devient pleinement indépendante qu'en 1878, au moment du Congrès de Berlin. Miloš Obrenović, le chef de la seconde insurrection serbe de 1815 contre les Ottomans, s'impose comme le nouveau prince de la Serbie. Ses méthodes autoritaires ne permettent pas de le distinguer des pachas qui ont gouverné ce territoire auparavant. L'homme s'est accaparé les richesses du pays, confondant ses caisses avec celles de l'État. La Serbie a vécu une situation similaire à la fin du XXe siècle, sous le règne d'un dirigeant autocrate ayant lié ses propres intérêts à ceux de l'État. En effet, Slobodan Milošević a ramené la Serbie bien des décennies en arrière. Au pouvoir autocratique de Miloš Obrenović succéda un pouvoir oligarchique tenu par 17 sages. À Slobodan Milošević a succédé une coalition de 18 mouvements, une forme d'oligarchie qui s'est partagée le pouvoir au niveau de l'État de Serbie et de l'État fédéral yougoslave. Il appartient aux nouveaux dirigeants de Belgrade d'établir un nouveau système politique démocratique, respectueux du pluralisme de la société serbe. Si la démocratie l'a emporté le 5 octobre 2000, le chemin de sa consolidation est tortueux. Certes, les socialistes de Milošević ne pèsent plus grand chose sur la scène politique, mais les forces nationalistes n'ont pas été vaincues. Elles se sont redéployées dans la nouvelle configuration politique, notamment derrière la bannière du Parti démocratique de Serbie, force politique néo-traditionaliste et conservatrice. Après plus d'une décennie de fuite de la modernité (selon les termes de l'historienne, Latinka Perović), les nouvelles élites serbes sauront-elles négocier le virage de la modernité, de l'intégration européenne qui se profile ?

Bibliographie sélective

Antonić (Slobodan), *Zarobljena zemlja : Srbija za vlade Slobodana Miloševića*, Beograd, Otkrovenje, 2002.

Cohen (Lenard J.), *Serpent in the Bosom : the Rise and Fall of Slobodan Milosevic*, Boulder, Westview press, 2002.

Čolović (Ivan), *The Politics of Symbol in Serbia*, London, Hurst, 2002.

Devas (Georges Y.), *La nouvelle Serbie*, Paris-Nancy, Berger-Levrault, 1918.

Dragović-Soso (Jasna), *'Saviours of the Nation' : Serbia's Intellectual Opposition and the Revival of Nationalism*, London, Hurst, 2002.

Đukić (Slavoljub), *Između slave i anateme : politička biografija Slobodana Miloševića*, Beograd, F. Višnjić, 1994.

Gervereau (Laurent), Tomić (Yves) [sous la dir.], *De l'unification à l'éclatement : l'espace yougoslave, un siècle d'histoire*, Nanterre, BDIC, 1998.

Goati (Vladimir), *Izbori u SRJ od 1990. do 1998. : volja građana ili izborna manipulacija*, Beograd, Centar za slobodne izbore i demokratiju, 1999.

Janjić (Dušan) [ed.], *Serbia between the Past and the Future*, Belgrade, Institute of Social Sciences, Forum for Ethnic Relations, 1997.

Lazić (Mladen) [ed.], *Protest in Belgrade : Winter of Discontent*, Budapest-New York, Central European University Press, 1999.

Ljušić (Radoš), *Srbija 19. veka*, Beograd, Vojna knjiga, 1994.

Pavlowitch (Stevan K.), *Serbia : the History behind the Name*, London, Hurst, 2002.

Petranović (Branko), *Srbija u drugom svetskom ratu, 1939-1945*, Beograd, Vojno-izdavacki i novinski centar, 1992.

__________, *The Yugoslav Experience of Serbian National Integration*, Boulder, East European Monographs, New York, Columbia University Press, 2002.

Petranović (Branko), Zečević (Miodrag), *Agonija dve Jugoslavije*, Beograd, [s. n.], 1991.

Petrovich (Michael Boro), *A History of Serbia, 1804-1918*, 2 vol., New York, Harcourt Brace Jovanovich, 1976.

Popov (Nebojša) [sous la dir.], *Radiographie d'un nationalisme : les racines serbes du conflit yougoslave*, Paris, Éditions de l'atelier, 1998.

Sekelj (Laslo), *Yugoslavia : the Process of Disintegration*, New York, Columbia University Press, 1993.

Thomas (Robert), *Serbia under Milošević : Politics in the 1990s*, London, Hurst, 1999.

Tošić (Desimir), *Srpski nacionalni problemi*, Paris, Oslobodjenje, 1952.

Index des noms propres

“Europe plurielle”

Europe plurielle est une collection ayant pour objectif de décrire et analyser, dans une perspective historique, les diverses façons dont la communauté sociale et les images de cohésion ont été créées en Europe. Une importance toute particulière a été conférée à l'idée de « nation », qui a sans nul doute été l'une des catégories de communauté les plus persistantes au cours de ces deux cents dernières années. Une myriade de mythes, souvenirs et héritages historiques, souvent contradictoires, toujours en mouvement, ont été mobilisés dans les processus de construction de la communauté ; rassemblés, tous ces éléments mettent l'accent sur la multiplicité de l'Europe.

Mais si les processus de la construction européenne revêtent un caractère de multiplicité, les images de l'Europe qui découlent de ces processus sont également multiples. D'un point de vue historique, l'image de l'Europe a été tant utopique que contre-utopique. L'expérience de la guerre a donné naissance à des rêves pacifistes, alors que l'atomisme et la désintégration ont engendré un engouement pour le holisme. La tension entre la guerre et la paix, l'atomisme et le holisme, constitue l'un des éléments les plus évidents dans le processus de construction de la communauté européenne. Les images qui se sont répandues sur le continent européen oscillaient entre fierté et honte et entre, par exemple, l'Europe en tant que civilisation et l'Europe en tant que peuple décadent. Ces diverses images sont apparues par le biais de plusieurs démarcations érigées entre Nous et l'Autre. L'un des aspects cruciaux liés à ces démarcations est la manière dont nous percevons les minorités et les immigrants, qu'il s'agisse de réfugiés politiques et de guerre ou d'immigrants économiques.

La collection *Europe plurielle* pose une seconde question cruciale : comment, depuis la Révolution française et son appel exaltant en faveur de la liberté, égalité, fraternité, les images de justice sociale ont-elles été utilisées dans la construction de la communauté ? Dans quelle mesure des efforts ont-ils été fournis pour minimiser la tension évidente entre des concepts tels que liberté et égalité au sein des processus politiques ?

Cette collection met l'accent tant sur les niveaux atteints par les élites politiques, économiques et intellectuelles que sur la vie quotidienne, et considère ces niveaux non seulement comme des constructions reflétées, mais également comme une pratique non reflétée. C'est précisément dans cet espace entre la construction et la pratique que l'Europe émerge dans ses formes les plus multiples.

Directeur de collection : Professeur **Bo STRÅTH**, Chaire d'Histoire contemporaine, Département d'Histoire contemporaine, Centre Robert Schuman, Institut Universitaire Européen (Florence)

Derniers titres parus

Democratisation in Turkey. The Role of Political Parties, Huri TÜRSAN, No. 29, 2004

Living Boundaries. Frontiers and Identity in the Basque Country, Zoe BRAY, No. 28, 2004

La Serbie du prince Miloš à Milošević, Yves TOMIĆ, n° 27, 2003 (2e tirage 2004)

National Heroes and National Identities. Scotland, Norway and Lithuania, Linas ERIKSONAS, No. 26, 2004

Constructions identitaires et dynamiques politiques, Lucy BAUGNET, n° 25, 2003

Identity and Justice. Conflicts, Contradictions and Contingencies, Debbie RODAN, No. 24, 2004

Homelands. Poetic Power and the Politics of Space, Ron ROBIN & Bo STRÅTH (eds.), No. 23, 2003

Figures d'Europe/Images and Myths of Europe, Luisa PASSERINI (ed.), No. 22, 2003

European Discourses on Rights. The Quest for Statehood in Europe: The Case of Slovakia, Lubica UČNÍK, No. 21, 2003

La survie libanaise ou l'expérience de la différence. Un nécessaire élan vers l'harmonie multiconfessionnelle, Christophe DUBOIS, n° 20, 2002

Gendering Europeanisation, Ulrike LIEBERT (ed.) with Stefanie SIFFT, No. 19, 2003

Multilingualism in Europe. A Case Study, THE MADARIAGA EUROPEAN FOUNDATION, Ed. by Lorna CARSON, No. 18, 2003

No. 17, not available.

A Topography of Memory. Representations of the Holocaust at Dachau and Buchenwald in Comparison with Auschwitz, Yad Vashem and Washington, DC, Isabelle ENGELHARDT, No. 16, 2002

L'Orient représenté. Charles Montagu Doughty et les voyageurs anglais du XIXe siècle, Janice DELEDALLE-RHODES, n° 15, 2000

Between Europe and Islam. Shaping Modernity in a Transcultural Space, Almut HÖFERT & Armando SALVATORE (eds.), No. 14, 2000

Across the Atlantic. Cultural Exchanges between Europe and the United States, Luisa PASSERINI (ed.), No. 13, 2000

Migrations et migrants dans une perspective historique. Permanences et innovations – Migrations and Migrants in Historical Perspective. Permanencies and Innovations, René LEBOUTTE (ed.), No. 12, 2000

Re-Imagining the Nation. Debates on Immigrants, Identities and Memories, Mette ZØLNER, No. 11, 2000

Europe and the Other and Europe as the Other, Bo STRÅTH (ed.), No. 10, 2000 (2nd printing 2004)

Myth and Memory in the Construction of Community. Historical Patterns from Europe and Beyond, Bo STRÅTH (ed.), No. 9, 2000